MAIS PERTO DE DEUS

DARIN HUFFORD

MAIS PERTO DE DEUS

SEXTANTE

Título original: *The Misunderstood God*

tradução: Ana Ban
preparo de originais: Alice Dias
revisão: Hermínia Totti e José Tedin
projeto gráfico e diagramação: Ilustrarte Design e Produção Editorial
capa: Miriam Lerner
imagem de capa: Andrew Penner / iStockphoto
impressão e acabamento: Bartira Gráfica e Editora S/A

CIP-BRASIL. CATALOGAÇÃO-NA-FONTE
SINDICATO NACIONAL DOS EDITORES DE LIVROS, RJ

H885m Hufford, Darin
Mais perto de Deus / Darin Hufford [tradução de Ana Ban]; Rio de Janeiro: Sextante, 2012.
192p.; 14x21 cm

Tradução de: The misunderstood God
ISBN 978-85-7542-810-8

1. Deus (Cristianismo). 2. Vida cristã. 3. Crescimento espiritual. I. Título.

12-3567 CDD: 231.6
CDU: 27-14

GMT Editores Ltda.
Rua Voluntários da Pátria, 45 – Gr. 1.404
Botafogo – 22270-000 – Rio de Janeiro – RJ
Tel.: (21) 2538-4100 – Fax: (21) 2286-9244
E-mail: atendimento@esextante.com.br
www.sextante.com.br

Primeiro, para aquela que inspira tudo o que eu faço. Por meio do meu amor pela minha esposa maravilhosa, Angie, eu escuto os sussurros de Deus. Você é meu mundo e minha vida. Amo você.

E para minhas quatro filhas preciosas, Landin, Sidney, Emma e Eva, e meu filho, Jude. Simplesmente não existem palavras para descrever o amor que sinto por vocês. Vocês são a soma total do que eu sou.

Sumário

Capítulo 1

A mentira que nos contaram

– Se acha que existe alguma coisa boa dentro de você, é melhor se segurar, porque Deus está prestes a derrubá-lo do seu trono e mostrar para todo mundo como você é mau.

– Amém! – gritou a plateia, em sinal de aprovação.

– Ele não vai compartilhar Sua glória com você nem com ninguém!

– Amém! – disse uma voz vinda de algum lugar na primeira fila. Eu me esforcei para ver quem era, mas uma senhora com um coque alto estava sentada bem na minha frente e me atrapalhava a visão.

– Deus é Deus, e, quanto mais cedo você perceber isso, melhor vai ser. Se Ele tiver que levar um dos seus filhos para chamar a sua atenção... Ele vai levar!

– É verdade! – disse outra voz, enquanto algumas pessoas concordavam com gestos exagerados de cabeça e batiam palmas. Desta vez não precisei me esforçar para ver quem estava falando, pois era a senhora de coque volumoso. O marido dela a envolveu com seu braço robusto, puxando a mulher frágil e cheirosa para perto, como se quisesse protegê-la e aquecê-la ao mesmo tempo. Eu me afundei no assento, torcendo para que ninguém estivesse olhando na nossa direção.

As imagens da antiga igreja que eu frequentava quando

criança ficaram entalhadas em minha memória para sempre. O cheiro do templo, a iluminação deprimente que os raios de sol formavam ao penetrar pelos vitrais e até a textura dos bancos de madeira ficaram impressos em minha mente. Eu me recordo disso nos momentos mais estranhos: posso estar dirigindo ou fazendo compras no supermercado e algo que vejo me lembra daquela época da minha vida. Eu não gostava de visitar a casa de Deus. Lá sempre havia tristeza. Parecia que tínhamos feito alguma coisa errada. Minha mãe volta e meia me mandava ficar quieto, independentemente do que eu dissesse. Eu detestava isso com todas as minhas forças. Até quando eu falava baixinho, ela fazia "shhhhh". Eu não gostava mesmo de ir à igreja quando era criança, mas todos os nossos amigos estavam lá, então eu achava que era por isso que nós íamos também.

O Deus a que fui apresentado não era alguém que eu desejava ter como amigo. Eu lamentava sermos obrigados a amá-Lo para ir para o céu. Será que tentar fazer com que Deus acreditasse que nós O amávamos valia a pena? Será que o inferno era tão ruim assim? Será que era tão quente quanto diziam? Como é que alguém podia ter certeza? Se Ele quisesse ter certeza de que O amávamos, poderia ter criado dois céus para ver se escolheríamos aquele em que Ele estava. Arder nas chamas do inferno por toda a eternidade por não termos escolhido viver ao lado Dele não parecia muito justo. Talvez soubesse que não iríamos escolher ficar com Ele. De qualquer forma, era óbvio para mim que Deus precisava mudar um pouco se quisesse que alguém escolhesse segui-Lo voluntariamente.

Fiz a oração do pecador aos 7 anos e fui batizado no ano seguinte, porque achei que minha mãe ficaria feliz. E também porque alguns garotos da nossa igreja também iam fazer o batismo. Lembro que a água era quentinha e que foi legal ficar na frente de todo mundo. Antes de molhar minha cabeça, o pastor me perguntou se eu amava Deus. Sem hesitar, respondi "Jesus" e sorri para a plateia. Naquela época eu já sabia que "Jesus" era a resposta certa para praticamente qualquer pergunta da igreja. Falei novamente, sem entender muito bem por que todo mundo estava dando risadinhas. Então afundei a cabeça de novo na água. Disseram que eu seria uma nova pessoa depois daquilo, mas eu continuava me sentindo bem igual.

A pergunta "Você ama Deus?" começou a assombrar minha mente quando cheguei em casa naquela noite. Mas não era exatamente a pergunta que me incomodava, e sim a resposta. A minha resposta era não. Eu nem sequer gostava dele. Eu tinha topado fazer o batismo porque não queria ir para o inferno. Quando criança, eu sempre ficava perplexo ao ver quanto os adultos o idolatravam. *O que Deus tem para ser amado?*, eu pensava. Ele nunca está satisfeito, quer toda a glória, gosta quando nos humilhamos, ameaça matar nossos filhos, quer que Lhe entreguemos todo o nosso dinheiro e ainda toca fogo na gente e entrega nosso corpo para aranhas comerem se não dermos tudo para Ele. Por que eu iria amar alguém assim?

No fundo, Deus me lembrava o pai do meu melhor amigo no quarto ano. Ele era alcoólatra e imprevisível. Um dia ele chegava em casa todo feliz e brincalhão, e daí, num piscar de olhos, tinha um ataque de fúria e destruía tudo o que via pela frente. O Deus que me apresentaram devia ter problemas com álcool, eu pensava. Em uma semana, o pastor pregava com aquela voz trêmula de quem está prestes a chorar: "Vocês não sabem que Deus ama vocês?" Na semana seguinte, ele esmurrava o púlpito e bradava: "Não há como se esconder da ira de Deus!" Ou Deus precisava ser internado numa clínica de desintoxicação ou havia algo de absurdamente errado com a visão que tínhamos dele.

Recitei a oração do pecador como me mandaram e me esforcei ao máximo para obedecer às regras da igreja, embora eu acreditasse que estava sempre um passo atrás de todo mundo. Mas aos 25 anos eu era um perfeito seguidor do caminho cristão. Fazia tudo o que me mandavam fazer para conhecer Deus. Lia a Bíblia todos os dias. Passava incontáveis horas orando e clamando a Ele, comparecia a todos os cultos na igreja e dava milhares de dólares como oferenda. Entrei para a universidade e estudei teologia.

Depois de tudo isso, acabei sendo contratado como pastor em uma megaigreja muito famosa. Essa era uma coisa com a qual eu nunca tinha sonhado. Logo comecei a pregar em conferências, igrejas e seminários em vários lugares. Eu me tornara muito bom em apresentar o Evangelho, mas me sentia cada vez mais perturbado por causa da minha religiosidade duvidosa. Embora minha vida fosse regida por regras, eu continuava vazio e infeliz. Mais ou menos um mês depois de me tornar pastor, fiz minha própria conferência em Phoenix, no Arizona.

Quando perdi minha religião

Era a noite de abertura da minha conferência. O auditório começou a se encher de pessoas que tinham vindo de todos os cantos do país. Na mesa de inscrição, que estava rodeada por homens e mulheres com crachás no pescoço e a programação da conferência nas mãos, havia uma fila. Muitas daquelas pessoas eram da minha nova congregação. Outras tinham chegado em grupos nos ônibus de suas respectivas igrejas.

Eu estava esperando em uma salinha atrás da cortina do palco antes de entrar. Sempre me acomodava naquele cantinho para organizar minhas ideias e orar antes de começar a pregação. Isso também permitia que eu observasse o público. Confesso que muitas vezes deixei de acompanhar a canção de louvor só para ficar olhando.

Enquanto observava as pessoas, comecei a notar que havia algo familiar na expressão do rosto daquela gente. Era uma mistura de ansiedade e decepção. Se eu tivesse que calcular, diria que eram 10% de expectativa e 90% de decepção. Eu reconhecia facilmente aquela expressão porque a via todas as manhãs quando me olhava no espelho.

Aquelas pessoas estavam decepcionadas porque tinham investido numa religião que não funcionava.

Elas tinham sido enganadas e induzidas a comprar um produto que não fazia jus à propaganda. Estavam ali para descobrir o que tinha dado errado. Por que não estava funcionando? Que parte elas não tinham compreendido? Será que tinham entendido errado o manual de instruções? Talvez, com um pouco de sorte, pudessem encontrar um grampo misterioso que encadeasse todas as peças do seminário. Mas o histórico já tinha comprovado que era bastante improvável que essa conferência fosse diferente das outras às quais tinham ido. Todas aquelas pessoas estavam lá paradas, com seus crachás plastificados, a programação de aulas e as mãos erguidas, tentando ser fiéis e positivas. Mas, no fundo, só estavam assistindo com ceticismo a mais uma propaganda cristã que, muito provavelmente, não chegaria a atender às suas súplicas.

A última coisa de que aquelas pessoas precisavam era mais um sermão cheio de promessas vazias e fórmulas prontas. Àquela altura, já tinham ouvido isso mil vezes. Já haviam tentado em vão tudo o que lhes ensinaram.

Quando a parte dos louvores terminou, me aproximei do palco. Eu estava nervoso, mas também estava determinado a fazer uma única pergunta a todos que lotavam aquele salão. Era uma pergunta que iria mudar todo o curso do meu ministério e a vida de muita gente ao meu redor. Se eu soubesse a confusão que ia criar, talvez tivesse preferido ficar calado. Aquelas palavras marcaram o início de uma jornada e o fim da minha carreira religiosa.

Eu me aproximei do púlpito e pude perceber que todos estavam esperando que eu dissesse algo que os convencesse de que aquela conferência não seria mais uma confirmação de suas mais profundas decepções. Enquanto eles abaixavam a cabeça e fechavam os olhos, pedi que fossem totalmente honestos, limpei a garganta e perguntei:

– Quantos de vocês têm medo do Arrebatamento?

Dei um passo atrás, afastando-me do microfone para examinar o auditório em silêncio. Meu coração quase parou. Para meu imenso horror e surpresa, *quase todas as mãos se levantaram*.

Bom, é importante destacar que aquele não era um grupo de jovens cristãos que precisavam de orientação e incentivo em sua jornada espiritual. Aquela gente formava o núcleo ativo de suas respectivas igrejas. Muitos eram pastores, decanos, filhos de obreiros, líderes de grupos de oração e professores de catecismo. Também havia muita gente da minha própria congregação, e a maioria era formada por pessoas que tinham sido criadas na igreja.

Resolvi fazer uma segunda pergunta, que chocou todos os que não tinham sido tocados pela primeira: "Quantos de vocês se sentiram frustrados durante a maior parte de sua vida cristã?"

O auditório era grande, então não dá para ter certeza. Mas não consegui enxergar uma única pessoa que não estivesse com a mão erguida. Imagine só! Todos os cristãos presentes admitiam ter medo do retorno de Jesus Cristo e se sentiam frustrados em muitos aspectos referentes à sua crença. Exatamente aquilo que eu desconfiava da minha religião estava prestes a se confirmar.

Durante a conferência, seguimos um caminho de total honestidade. Começamos a fazer perguntas francas e a levantar questões que clamavam por respostas durante a maior parte da nossa vida cristã. Estou me referindo a questionamentos secretos que não ousamos admitir porque certamente seriam interpretados como falta de fé. Respondemos a todas essas perguntas e chegamos a uma conclusão simples e surpreendente. Talvez não tenhamos sido os primeiros a fazer essa descoberta, mas podemos ter sido os primeiros cristãos a reconhecer o fato sem perder a fé. Nossa conclusão naquele dia foi a seguinte:

Mentiram para nós a respeito de Deus.

Quem Ele é, como Ele é, o que quer de nós, como se relaciona conosco, como Ele nos dá respostas, o que espera de nós, que objetivos tem para nós e como o amor dele age sobre nós: havíamos aceitado mentiras contraditórias sobre todas essas coisas. É assustador saber que o verdadeiro coração de Deus é desconhecido para muitas das pessoas que imaginavam conhecê-Lo melhor. E todos nós, de alguma forma, tínhamos acreditado nessas mentiras. Não estávamos substituindo nossa teologia distorcida pela verdade. Aliás, nem alegávamos conhecer a verdade. Naquele dia, a revelação foi um consenso. As coisas que tinham nos ensinado simplesmente não faziam sentido. Não podiam estar certas porque contradiziam a si mesmas em todos os pontos.

Mas não ficamos orgulhosos por termos percebido isso. Para falar a verdade, nos sentimos tolos – tolos como uma esposa que de repente descobre que o marido a trai há anos com sua melhor amiga.

Como é que não percebemos isso antes?

Acredito que todo cristão contribui para manter essa mentira viva, fingindo para os outros e para si mesmo sobre sua fé e suas verdadeiras paixões. Aprendemos a nos esconder no meio da multidão e apenas seguimos o fluxo. Obedecemos a regras politicamente corretas e guardamos nossas perguntas para nós mesmos.

Talvez muitas pessoas engrossem essa corrente por causa da pressão dos amigos religiosos. Nem todos estão dispostos a encarar as críticas que recebemos ao fazer um questionamento. Estou me referindo às respostas de praxe que ouvimos quando o outro não sabe o que dizer: "Você precisa mergulhar na palavra do Senhor", "Você precisa orar mais" ou "Você precisa se entregar a Deus". Esses ataques velados sugerem falhas pessoais ou falta de dedicação à religião e têm como objetivo abafar nosso desejo de fazer perguntas incômodas.

Quando digo que mentiram para nós a respeito de Deus, não estou sugerindo que os líderes religiosos organizaram encontros secretos para inventar mentiras com o intuito de nos sufocar espiritualmente. Só estou afirmando que, no correr dos anos, nós nos desviamos da verdade.

Eu gostaria de fazer aqui a primeira previsão exata a respeito da volta de Cristo. Milhares de autores e pregadores já tentaram prever a época da Segunda Vinda, mas até agora todos estavam errados. A minha previsão vai ser a primeira a se tornar realidade: Jesus Cristo não vai voltar tão cedo!

Imagine que você é um noivo e, no dia do casamento, pouco antes de sair para encontrar sua noiva, alguém o avisa que ela está escondida em um armário, totalmente apavorada com a sua chegada. Você ia querer uma coisa dessas? Para mim, não há nenhuma dúvida de que, enquanto não tivermos a revelação correta sobre quem é Deus, Jesus Cristo não vai voltar. Ele vai querer que sua noiva se regozije com o som da trombeta, não que saia berrando de pavor.

Se é assim que a maioria dos cristãos pensa, deve haver algo errado na maneira como vemos o nosso Deus. Aquele que supostamente seria o dia mais importante da nossa existência tem sido usado contra nós a ponto de vivermos com medo de sua chegada.

Sou capaz de assistir a um programa cristão na TV durante horas e ouvir seis sermões seguidos. Cada um contradiz os outros, e ninguém jamais questiona este fato. Um evangelista pode chegar à igreja e afirmar que Deus nunca nos abandona, para 60 segundos depois insinuar que ele é bem capaz de fazer isso se não o aceitarmos. Ouvimos ensinamentos sobre as promessas de Deus serem uma dádiva gratuita, seguidos por uma lista de coisas que precisamos fazer para merecê-las. Apenas a lógica já seria suficiente para percebermos que é praticamente impossível conhecer Deus por meio do discurso da igreja.

A religião, com suas promessas e testemunhos, faz com que eu pense em um grupo de avós compartilhando suas mais antigas histórias de família e jurando até a morte que são verdadeiras. A cada geração, a história fica um pouco mais rebuscada, exagerada e longe da realidade. O mesmo acontece com a religião: suas histórias vão ficando cada vez mais ornamentadas, até que sobra uma doutrina que não guarda qualquer semelhança com a verdade.

Estou começando a acreditar que as pessoas que não frequentam a igreja conhecem melhor o coração de Deus do que as que não frequentam. Estas não aceitam o que dizemos a respeito dele, sabem que estamos errados. Mas por algum motivo a maioria de nós não consegue enxergar isso.

Os cristãos acham que conhecem Deus porque leem a respeito dele. Ensinaram para nós que, quanto mais lemos a Bíblia, melhor O conhecemos. Os fariseus conheciam a Escritura como a palma da mão, mas, quando Deus apareceu na frente deles, não foram capazes de identificá-Lo.

Para esta nova geração do cristianismo, a relação com Deus está diretamente relacionada à leitura da Bíblia. Acreditamos tanto nos textos sagrados que trocamos Deus pela Bíblia, conferindo a ela todos os atributos divinos. Se não a lemos incansavelmente ou não a compreendemos, nos sentimos perdidos, vazios e distantes de Deus.

Certa vez, ouvi alguém dizer que a definição de insanidade era fazer a mesma coisa repetidas vezes e esperar resultados diferentes. Sempre me perguntei se a religião é capaz de tirar a sanidade das pessoas. Fomos ensinados a negar os resultados negativos e a crer que da próxima vez tudo vai ser diferente. As coisas que pregamos e em que acreditamos não estão funcionando, mas continuamos a agir e a falar como se estivessem. Doamos 10% da nossa renda para a igreja, e quando chega a recessão vemos o mesmo número de pessoas religiosas e não religiosas indo à falência. Dizemos que "Uma família que ora unida permanece unida" e, no entanto, pesquisas norte-americanas indicam que a taxa de divórcio é mais alta entre os frequentadores da igreja do que no resto da população. Alegamos ter paz, alegria e compreensão espiritual, mas um número similar de pessoas religiosas e não religiosas toma remédios para depressão, ansiedade, déficit de atenção e vários outros problemas emocionais.

Acredito que Deus fique com o coração partido por causa da falta de conhecimento que seus filhos têm a respeito de quem Ele é. O Senhor não fica irado nem com vontade de se vingar, fica apenas triste. Imagine se a pessoa que deveria conhecer você melhor do que ninguém não soubesse sequer o seu nome? É exatamente assim que Deus se sente em relação a esta geração.

Este livro é uma busca pela verdade. Só pode existir uma verdade, e, quando a descobrimos, ela não contradiz nem confunde a nossa compreensão de Deus – pelo contrário, revela a simplicidade de quem Ele é. Depois de tantos anos frequentando a igreja, comecei a perceber uma coisa: sempre que um pregador revela uma verdade nova e profunda a respeito de Deus que você ainda não examinou no seu coração, provavelmente não é verdade. Se Jesus falou sério quando afirmou que a verdade seria revelada às criancinhas mas ficaria escondida dos sábios e cultos, sou levado a crer que esta geração deixou essa verdade escapar completamente.

A nossa busca religiosa se assemelha a uma cena de um filme que vi certa vez. Um senhor estava fazendo um teste de visão. O médico pediu que ele cobrisse o olho esquerdo e lesse a fileira de letras no alto do cartaz que estava pendurado na parede, a seis metros de distância. Para surpresa do médico, o homem leu os créditos que estavam escritos em letras minúsculas no canto inferior direito do cartaz. Pensei com meus botões: *Impressionante!* Mas ele não passou no teste. Este é o problema quando se descobre a verdade a respeito de Deus. Muitas pessoas procuram tão no fundo que deixam passar o óbvio. Infelizmente, muita gente prefere ter pensamentos profundos a aceitar qualquer coisa que seja simples e óbvia. Para essas pessoas, a verdade é desanimadora, e este livro vai ser incrivelmente frustrante para elas. Lembre-se de que Jesus Cristo pareceu superficial e decepcionante para os fariseus há dois mil anos.

Meu objetivo não é impressioná-lo com alguma revelação profunda, mas mostrar as "letras da fileira de cima" no cartaz. Quero que você dê risadas e pense: *É claro! Como é que eu não percebi antes?* Acredito que, ao ler este livro, você terá a mesma sensação de quando está revirando a casa toda para achar um lápis, e então descobre que ele está atrás da sua orelha.

Naquele dia, durante a minha conferência, descobrimos que tudo o que nos contam sobre Deus simplesmente não faz sentido. Percebemos que as ideias que tínhamos sobre Ele estavam distorcidas por causa da nossa formação religiosa e sabíamos que alguma coisa precisava mudar. Mas o quê?

CAPÍTULO 2

Quem Ele é na verdade?

Certa noite eu estava no meu pequeno escritório, olhando para as marcas da minha velha escrivaninha e me sentindo deprimido. Eu não conseguia esquecer a expressão que tinha visto nos olhos das pessoas na conferência, várias semanas antes. Não parava de pensar que muitas delas faziam parte da minha congregação. Onde foi que eu me meti? Eu havia formado uma congregação de fiéis que estavam frustrados espiritualmente e não tinham medo de reconhecer isso. Eu sabia que alguma coisa precisava ser feita, mas o quê? Por um momento, desejei não ter aceitado o ofício de pastor. Para começo de conversa, nunca almejei assumir essa posição. Eu estava tão decepcionado com meu sistema de crenças quanto eles.

Eu me preocupava com o fato de que seria apenas uma questão de tempo ficar igual a todos os pastores que eu já tinha visto. Sentia mais medo disso do que de qualquer outra coisa. Será que eu iria começar a implorar por dinheiro e deixar todo mundo entediado até não poder mais? Será que de repente eu iria condenar qualquer tipo de bebida e fumo? Será que iria começar a falar do jeito que está escrito na Bíblia, transformando-me em uma pessoa insuportável, cheia de prejulgamentos e com vício secreto em pornografia? Todas essas coisas pesavam muito na minha mente.

Eu havia frequentado uma faculdade religiosa e estudado as Escrituras mais do que a maioria das pessoas que eu conhecia. Um das vantagens que tirei disso era que aprendi tudo o que podia a respeito de Deus. Eu era capaz de defender minhas posições em qualquer conversa sobre Cristo. Dominava os termos cristãos e os usava com fluência. Como tinha memorizado muitas partes da Bíblia, eu sabia dar as respostas-padrão para o que Deus faria em quase qualquer situação.

Na semana seguinte, anunciei aos integrantes do meu grupo que eu queria conversar em particular com cada pessoa da congregação durante uma hora. Elaborei uma agenda e fiz com que se inscrevessem no horário que poderiam vir conversar comigo. Resolvi trabalhar nos dois dias de folga que eu tinha por semana e, ao longo dos três ou quatro meses seguintes, realizei oito reuniões por dia até ter me encontrado com todos os fiéis que estavam dispostos a falar comigo. Meu objetivo era penetrar no coração e na mente dessas pessoas e estabelecer uma conexão profunda com elas. Eu sentia que precisava saber o nome e a história delas antes de poder me colocar na sua frente e fazer pregações.

Eu não as entrevistei nem fiz uma série de perguntas para tentar descobrir seus problemas. Não havia um formulário para elas preencherem com a descrição do que gostavam ou não nos serviços religiosos da igreja. Eu apenas me sentei com elas. Escutei o que tinham a dizer. Olhei nos olhos delas e abri meu coração. Durante esses encontros, aconteceu algo que mudou minha vida para sempre. Foi algo tão estonteante que consegui enxergar tudo com absoluta clareza. Isso mudou toda a minha teologia em um instante e a fez ganhar vida de um modo que eu nunca tinha imaginado. Mas eu não sabia que aquela revelação marcaria o início do fim da minha carreira no ministério. O que aconteceu?

Eu *me apaixonei* por aquelas pessoas!

É fácil ler essas palavras e não compreender seu poder. Então, permita-me enfatizar o que estou dizendo: eu me apaixonei perdidamente por aquelas pessoas. Eu as amava com cada fibra do meu ser. Elas se tornaram tão preciosas para mim quanto meus próprios filhos. Eu ia dormir à noite pensando nelas e acordava animado para voltar a encontrá-las. Elas se tornaram a minha razão de viver, a única coisa que importava.

Durante toda a vida, eu amei a mensagem do Evangelho mais do que qualquer outra coisa no mundo. Mas algo mudou em mim depois que conheci melhor aquelas pessoas. Naquele momento, a mensagem de Deus ganhou vida dentro de mim e se tornou mais linda e poderosa do que nunca. Então percebi que, após centenas de anos sendo pregada, ela havia se transformado em algo terrível e repulsivo que feria as pessoas em vez de ajudá-las. Mas quando finalmente passei a amar as pessoas mais do que a mensagem, enxerguei com clareza onde estava o erro. Até hoje estou convencido de que a única maneira de conhecer a essência do Evangelho é amando as pessoas para as quais ele se dirige.

Eu descobri que quando você ama as pessoas com todo o seu ser começa a enxergar o que se passa no coração delas. Quando coisas lhes são ditas, você consegue ouvir com os ouvidos delas, ver com os olhos delas e compreender o que se passa a partir da perspectiva delas. Você é capaz de prever a forma como reagirão a determinadas situações. Você realmente se funde a elas. Este é o resultado do amor.

Depois que tive essa revelação, lembrei-me de um casamento a que eu tinha ido anos antes, no qual o pastor lera um trecho da Bíblia, 1 Coríntios 13, versículos 4-7: "O amor é paciente, o amor é bondoso. Não inveja, não se vangloria, não se orgulha. Não maltrata, não procura seus interesses, não se ira facilmente, não guarda rancor. O amor não se alegra com a injustiça, mas se alegra com a verdade. Tudo sofre, tudo crê, tudo espera, tudo suporta."

Quando lidos em um casamento, esses versículos soam românticos. Mas acho que nenhum dos convidados realmente acredita neles. Nesse mesmo casamento, vi um adesivo no para-choque de um carro que dizia "Deus é amor". Isso me fez dar gargalhadas. Pensei: *Se fosse verdade, significaria que toda a religião cristã está errada*. Pelo menos, tudo o que ouvi quando era criança. Mesmo assim, aquelas palavras me fizeram refletir.

Quase dez anos mais tarde me dei conta do significado do texto do casamento e do adesivo do para-choque. Finalmente fazia sentido para mim. De repente, consegui enxergar com muita clareza qual era o problema da maioria dos cristãos. Eu já sabia que tinham mentido para nós a respeito de Deus, mas agora, pela primeira vez, eu estava começando a compreender qual era a verdade e como tínhamos nos afastado dela.

O que aconteceu?

Descobri que as pessoas sabem instintivamente que Deus é amor. Algo dentro de nós conhece a verdade a respeito do Criador. Nós o definimos pelo que acreditamos que seja o amor. Infelizmente, o mundo alterou o real significado dessa palavra e, com isso, a essência de Deus foi redefinida para uma geração inteira.

Essa passagem bíblica que o pastor leu naquele casamento contém uma lista de 15 afirmações a respeito do amor. Se a Bíblia afirma que Deus é amor, então isso quer dizer que essas 15 afirmações são uma descrição do caráter e da personalidade de

Deus em si. Talvez você já tenha ouvido esses versículos com a palavra *Deus* no lugar da palavra *amor*. Se nunca ouviu, recomendo que os leia dessa forma, porque é muito tocante.

Podemos chegar à conclusão de que aquilo em que acreditamos sobre o amor é exatamente o mesmo que acreditamos sobre Deus. Então vamos parar aqui por um instante. No que você acredita a respeito do amor?

O problema é que o mundo ensinou a você que amor é exatamente o contrário de tudo o que está escrito nesta passagem. Reflita um pouco sobre o assunto. É possível que você tenha aceitado a ideia que o mundo prega sobre o amor e, no fundo do coração, tenha começado a acreditar nela.

Ensinaram a nós que o amor não é paciente. Na verdade, achamos que quando é realmente "amor" não precisamos ir devagar nos relacionamentos. Não acreditamos que o amor seja bondoso. Muitas pessoas correlacionam o amor à dor e à mágoa e o consideram tudo, *menos* bondoso.

A passagem também diz que o amor "não procura seus interesses". Isto é precisamente o oposto de tudo o que o mundo nos fez acreditar. E o que dizer da frase "não guarda rancor"? Acho que não preciso me estender nesta questão. Depois a escritura nos diz que o amor "tudo crê". Fomos ensinados a olhar para as pessoas crédulas como se fossem tolas e ignorantes. E quando a Bíblia diz que o amor "tudo suporta"? A alta taxa de divórcio da atualidade torna desnecessário argumentar sobre esse assunto. Passamos a crer que as pessoas "simplesmente se afastam" e que "nada dura para sempre". Essas desculpas até soam sábias quando saídas da boca de alguém que tenta usá-las para justificar seu casamento fracassado.

O ponto que quero enfatizar é que o mundo nos convenceu de que o amor é o oposto de tudo o que está listado naquela passagem bíblica. Além do mais, nós alimentamos essa mentira – talvez não de maneira consciente, mas com certeza em nosso coração.

Faça uma lista mental de quantas vezes o amor já lhe causou sofrimento no passado, não importa se a mágoa tenha sido causada por alguma decepção romântica ou por alguém da sua própria família. Reflita sobre isso por um tempo.

Se você é como a maioria das pessoas, deve ter se lembrado rapidamente de diversas situações em que se sentiu ferido. Bem, tenho uma revelação a fazer: não foi o amor que o magoou! Você foi magoado pelo *oposto* do amor, embora seu coração acreditasse que tinha sido o amor. Não se engane a este respeito: o amor nunca magoou você. Você foi magoado por causa de uma definição distorcida de amor que o mundo impôs.

Se a Bíblia diz que "Deus é amor", e tudo o que está listado naquele trecho é uma descrição do caráter e da personalidade de Deus, então tenho mais uma pergunta para você: quem é o *oposto* de tudo aquilo? O demônio.

Vamos avançar mais um passo. Se você acredita que "amor" é o oposto do que a Bíblia diz, inevitavelmente vai atribuir as características do demônio a Deus. Pense sobre isso por um momento e se permita absorver a ideia. Acredito que é exatamente assim que a maioria das pessoas se sente em relação a Deus. Em outras palavras: acreditamos que ele tem o caráter e a personalidade do demônio.

Se Jesus Cristo estivesse caminhando hoje em forma humana sobre a Terra, creio que sua mensagem para nós seria a mesma que foi para os fariseus de seu tempo: "Você pertence ao seu pai, o demônio." Este era o ponto que Ele queria enfatizar há dois mil anos. Os fariseus e os religiosos haviam pintado um retrato de Deus que o fazia parecer o próprio Satanás. Tinham tornado impossível as pessoas estabelecerem uma relação com Deus simplesmente porque se sentiam apavoradas em relação a Ele. Hoje, nós não somos diferentes.

No dia 11 de setembro de 2001, dois aviões com centenas de passageiros inocentes foram sequestrados e lançados contra as torres gêmeas do World Trade Center. Enquanto milhões de norte-americanos assistiam às cenas em casa, impotentes, as torres desabaram até o chão, matando milhares de pessoas apavoradas. Pouco depois desse acontecimento, vários dos líderes cristãos mais influentes da nação apareceram na televisão em rede nacional para declarar publicamente que aquilo era *Deus castigando* os Estados Unidos por seus muitos pecados. E eles não estavam sozinhos: centenas de outros cristãos compartilhavam esta crença.

No início da epidemia da aids, era bastante comum escutar pastores explicando que aquela era uma praga enviada por Deus para castigar os homossexuais. Muita gente ainda pensa assim.

Todas as coisas ruins que acontecem neste mundo são atribuídas a Deus. Se perdemos o emprego, pensamos que a culpa é de Deus. Se sofremos um ataque cardíaco, foi Deus que o causou. Se perdemos entes queridos, foi Deus que os matou. Se nossa empresa vai à falência, desconfiamos de que Deus está nos castigando por algo que fizemos. Cada acontecimento ruim é colocado na conta de Deus. Nós realmente acreditamos que Ele tem o caráter e a personalidade do demônio.

Para ter certeza disso, basta escutar a maneira como falamos dele. Não é de espantar que os cristãos estejam se interessando cada vez menos pela Bíblia. Para que ler o livro que "pertence a Ele"? As pessoas decidem de antemão qual vai ser sua interpretação da Escritura. Se você acha que Deus é cruel, a Bíblia vai parecer cruel do início ao fim. Se acha que ele é um sargento que distribui tarefas, é assim que a escritura vai soar para você. Se acha que ele está decepcionado, só vai enxergar decepção nas palavras da Bíblia.

É por isso que a maior parte dos cristãos nem lê a Bíblia! É natural evitarmos o contato com alguém que não amamos. Nossos reais sentimentos por Deus explicam por que tantos cristãos não oram mais do que cinco minutos por semana. Quem iria querer falar com Ele? Acredito que, por causa das mentiras que nos contaram a respeito de Deus, é praticamente impossível amá-Lo de verdade. Ele é assustador. Ele vira o rosto para nós. Ele afasta sua mão protetora de nós e permite que coisas ruins aconteçam na nossa vida.

Usar termos como "comprometido com Cristo" é prova de que não O amamos. Um compromisso é uma maneira de nos forçar a fazer algo que não queremos fazer. Amor não é isso. Deus *não* quer que os cristãos assumam um compromisso. Se é necessário forçar, é porque não existe.

Nós O tememos – e com razão – porque Ele parece estar só esperando que cometamos um erro para nos mandar direto para o inferno. Grande parte do que fazemos em nome da religião se baseia no medo. Fazemos nossas oferendas porque realmente acreditamos que Deus vai nos abandonar se não fizermos isso. Damos nosso testemunho sobre como Jesus é maravilhoso e justo, mas não acreditamos em uma única palavra do que dizemos. Cumprimos todos os rituais religiosos para obter favores dele. Nossas orações se reduziram a pedidos de desculpa. Algo precisa mudar, e logo.

Nosso problema hoje é que aceitamos uma teologia na qual não somos capazes de confiar, mas que também não podemos dispensar. Imagine se eu dissesse à minha mulher que eu a amo e nunca vou deixá-la, mas que, se algum dia ela me trair, vou torturá-la por toda a eternidade? Apesar de ser provável que ela nunca fosse me trair, também nunca iria chegar perto de mim. Ela iria fazer todo o possível para sobreviver ao relacionamento, mas seu coração *jamais* seria meu. Isso é exatamente o que muitos cristãos acreditam a respeito do Pai.

Quando vejo cristãos protestando contra paradas gays ou amaldiçoando mulheres que fazem aborto, fico absolutamente pasmo. No entanto, entendo que isso faça sentido para eles. Se acreditamos no fundo do coração que Deus tem o temperamento de Satanás, nosso caráter e nossas ações vão espelhar essa crença.

Quando se olha para as coisas dessa maneira, tudo começa a fazer sentido. Especialmente o fato de que a nossa religião sempre nos falha. O cristianismo ficou igual à minha velha caminhonete. Era um carro clássico e, com toda a certeza, tinha aparência autêntica, mas quebrava a cada 150 quilômetros e precisava ser restaurado. Nunca foi a intenção de Deus ter uma religião que sofresse ataques cardíacos de rotina. Infelizmente, nós ficamos viciados no choque elétrico que Deus precisa usar com frequência para fazer com que a religião retorne à nossa vida mais ou menos a cada cem anos.

Eu descobri que, se você pegar todos os clichês do mundo cristão que magoam as pessoas e colocá-los à luz do amor verdadeiro, eles se provam falsos e repulsivos. Mas a maioria das pessoas não tem coragem de fazer isso – elas nem têm certeza se podem fazê-lo. Ficam com medo de Deus desconfiar da honestidade de sua fé. Mas questionar os ensinamentos cristãos não é questionar Deus. Ele é a luz! Se você ama realmente as pessoas, pode acabar descobrindo que muitas das coisas que ouve do púlpito domingo de manhã não são verdadeiras.

Acredito que fomos enganados e levados a crer em mentiras em relação ao amor, mas também acho que em algum lugar lá no fundo do nosso coração sabemos exatamente o que ele é. Passamos a maior parte da vida com medo de confiar nesse lugar. Entretanto, é para lá que eu quero guiá-lo com este livro. Acho que tudo o que você ler aqui vai ser uma confirmação daquilo que você já sabe.

Você é capaz de me imaginar segurando meu filho de 9 meses nos braços e dizendo que jamais compartilharia minha glória com ele? E dizendo, com a voz cheia de amor, que se ele me desobedecesse eu iria cobri-lo de gasolina e depois atear fogo no corpo dele? Que tipo de pai eu seria se explicasse que ele precisava me dar 10% de tudo o que possuía, senão eu deixaria de protegê-lo? E se eu dissesse a uma de minhas filhas que ela foi trazida à Terra para ser minha serva e escrava? Você pode me imaginar dizendo aos meus filhos que escrevi tudo sobre mim em um livro e que, a menos que eles o leiam todos os dias de sua vida, nunca vão me conhecer? Que pai iria criar propositalmente uma doença em um filho como castigo por desobediência? Que pai daria as costas ao filho no momento em que a criança cometesse um erro?

Venha comigo nesta jornada – uma jornada até o coração de Deus. Eu gostaria de ajudá-lo a atravessar esse fantástico caminho. Quero mostrar-lhe algo que pode mudar tudo. Quero convidá-lo a entrar em seu próprio coração e mostrar a você o que já existe lá.

Se você estiver pronto, abra o seu coração e siga adiante.

CAPÍTULO 3

Deus não se irrita

Eu estava ganhando de quatro a zero quando o médico, visivelmente frustrado, começou a arrumar o tabuleiro para iniciar mais uma partida de Candy Land. Apesar de eu ter apenas 8 anos, estava dando risada sozinho, já que eu sabia por que estava ali. A ironia da situação me faz rir até hoje. Meus pais tinham me levado a um psicólogo infantil porque eu tinha problemas de depressão profunda e uma raiva incontrolável. Entre outras coisas, eu perdia a cabeça sempre que um dos meus irmãos vencia um jogo de tabuleiro. Isso desencadeava algum processo dentro de mim e eu perdia o controle. Eu detestava perder!

Foi por isso que, em um lindo dia de verão, no consultório com ar-condicionado do Dr. Steel, sentado de pernas cruzadas no tapete felpudo, bem embaixo de seus diplomas emoldurados na parede, eu estava rindo. Por alguma estranha razão, eu ganhava todas. Para falar a verdade, acho que nunca tinha ganhado tantas vezes seguidas – e isso nunca mais se repetiu. Eu não era idiota. Sabia muito bem por que estávamos jogando Candy Land às 10h da manhã de uma quarta-feira: ele queria que eu perdesse para poder presenciar a erupção do garoto-vulcão de que meus pais tinham falado. Ele pretendia testemunhar minha explosão e depois ser o herói que me libertaria da ira. O pequeno Darin perdia a paciência com muita facilidade, e o bom Dr. Steel tinha sido contratado para ajudar o menininho a encontrá-la. Milhares de dólares gastos em educação, anos de pesquisa e uma tese para tudo se resumir, no final, a vencer uma simples partida de Candy Land de um menino de 8 anos. Mas ele não conseguia. Não era o dia do Dr. Steel.

– Ganhei de novo! – comemorei. – Cinco vezes seguidas! – O Dr. Steel começou a demonstrar sinais de estresse e irritação por trás de sua conduta fortemente controlada. *Ele deveria prender a respiração e contar até dez,* pensei. Imaginei-o arremessando o tabuleiro ao outro lado da sala e quebrando todas as peças do jogo. Estava ficando cada vez mais difícil eu conter a alegria, principalmente quando minha peça deu a última volta e pulou por cima da linha de chegada pela sexta vez consecutiva. Dava para sentir a tensão crescendo, mas eu fazia questão de contar em voz alta cada quadradinho que o boneco pulava no tabuleiro.

– Você não precisa contar em voz alta – ele resmungou.

Eu sabia que aquele era um jogo de sorte, não só porque já havia jogado um milhão de vezes com meus irmãos, mas também porque o Dr. Steel ficava me lembrando disso a cada vez que eu vencia. Minha vontade era ficar gritando "Vitória!" repetidamente, mas não fiz isso porque meus pais estavam me aguardando do lado de fora do consultório, cheios de esperança e com um cheque polpudo para entregar ao bom médico, especialista em ensinar as crianças a serem pacientes. Quando a sessão terminou, ele parecia mesmo merecer o dinheiro, já que um garoto de 8 anos saiu pela porta todo alegre e saltitante. Meus pais não sabiam muito bem o que havia acontecido, mas ficaram felizes de ver o brilho de volta aos olhos do filho, mesmo que tenha sido só por aquele dia.

O que quero dizer com essa história é que eu não teria perdido a cabeça se o Dr. Steel tivesse vencido uma partida. Eu já sabia que era isso que ele queria. No fundo, eu estava até esperando perder uma vez para poder me comportar com dignidade. Eu teria mostrado aos meus pais que eles estavam errados. Mas o Dr. Steel não estava preparado para uma sequência de derrotas. O plano deu errado e ele é que acabou se tornando a pessoa impaciente. Eu rio dessa experiência há quase 35 anos!

Acredite ou não, o Dr. Steel de fato me ensinou uma importante lição sobre a paciência aquele dia. Eu aprendi que, quando você é capaz de enxergar o *coração* de alguma coisa, não se estressa nem fica nervoso facilmente com o que acontece em torno dela. É a falta de conhecimento que nos torna impacientes.

Acredito que a maioria das pessoas acha que ter paciência é um pouco mais do que segurar a raiva. Este modo de pensar exige que a raiva esteja presente antes de a paciência existir. Mas, mesmo que conter a irritação seja uma coisa boa, não é equivalente a ter paciência. Na verdade, é o contrário. Infelizmente, quando afirmamos que o amor é paciente, estamos querendo dizer que ele tem muita raiva dentro de si, mas a controla. Como resultado desse raciocínio distorcido, muita gente aceita a ideia de que a impaciência é uma das características do amor.

Quando eu era pastor, passava muito tempo tentando convencer jovens casais a desacelerar e ter paciência. Eles achavam que tinham encontrado o amor verdadeiro e estavam ansiosos para se casar. Ou então iam para a cama logo que se conheciam. Eles explicavam que a dificuldade de esperar era um sinal de que realmente estavam apaixonados.

Hoje, qualquer pessoa que demora mais do que quatro ou seis semanas para fazer sexo com o novo parceiro pode ser acusada de não se dedicar suficientemente ao relacionamento. O sentido do amor foi redefinido no nosso coração. Lamentavelmente, aprendemos a medir o amor pelo nível de impaciência que temos em relação a ele. Muita gente acredita que o amor verdadeiro justifica pular a parte do fortalecimento da relação e ir direto para a consumação. Hoje vemos o amor como um chamado para abandonar a paciência.

Por causa disso, a tendência das pessoas é redefinir o amor de Deus pelo mesmo princípio. Vejo diversas evidências da crença do amor impaciente em discursos cristãos.

Certa vez, ouvi um pastor dizer que se continuarmos cometendo os mesmos erros Deus vai perder a paciência conosco e nos dar uma lição que não esqueceremos tão cedo. Não sei dizer o que é mais desolador: escutar uma pessoa dizendo algo assim ou ouvir a onda de améns que ele recebeu.

O Deus que fomos ensinados a temer é extremamente impaciente. Ele espera a perfeição e não tem paciência conosco, apenas quer que façamos tudo certo. Durante a minha infância, a possibilidade de ser mandado para o inferno pairava sobre a minha cabeça. Parecia que Ele realmente *queria* me condenar, e toda vez que eu cometia um erro Ele arranjava uma justificativa para colocar sua ira para fora.

Entre as centenas de pessoas que vieram até a minha sala para receber aconselhamento espiritual, a maioria compartilha os mesmos sentimentos a respeito de sua relação com Deus. Elas acreditam que Ele esteja decepcionado com a maneira como elas vivem, mas segura sua raiva porque quer parecer bom e justo. Fico incomodado de ver que existe tanta gente enxergando Deus dessa maneira. E pior: se conformando com isso.

Muitas igrejas adotaram essa ideia do amor impaciente e reproduziram comportamentos que acreditavam ser os mesmos de Deus. Esse tipo de igreja se torna o local perfeito para a proliferação da falsidade, onde as pessoas fecham o coração para as outras e colocam máscaras para se esconderem do julgamento.

Meu coração sofre quando ouço pregadores sugerindo que Deus pode nos abandonar se errarmos demais. Algumas pessoas que ensinam a Bíblia têm o dom de relacionar certos pecados a versículos específicos que, fora do contexto, parecem prometer o inferno e a danação. Alguns pregadores se tornaram especialistas em encontrar esses versos e entregá-los a seu rebanho como se fossem granadas espirituais. Eles semeiam o medo e disseminam a imagem de um Deus impiedoso que nos julga na hora em que cometemos um erro.

O fato é que essa ideia de Deus não leva em consideração a soberania dele, sugerindo que ele não tem controle sobre o momento de nossa morte. Se Ele pudesse estender a nossa vida para poder salvar a nossa alma, será que não faria isso? A maioria das igrejas atualmente pinta o retrato de um Deus que apenas observa a distância e tem envolvimento limitado.

É impossível ter paciência com alguém quando o que você quer é mandar essa pessoa para o inferno. Sei que isso parece severo, mas muitos cristãos se conformam com a imagem daquilo que acreditam existir no coração de Deus. Não pensam duas vezes antes de julgar ou condenar alguém e, por isso, têm pouca ou nenhuma paciência com as dificuldades dos outros. Eles não têm paciência porque não têm amor.

Há pouco tempo, fui convidado para falar a um grupo de cerca de cem pastores de diversas congregações. No meio do sermão, fiz a seguinte pergunta: "Se você morresse hoje, fosse para o céu e, quando chegasse lá, encontrasse pessoas que tinham sido budistas, hinduístas e até mesmo homossexuais caminhando ao lado de Jesus, como iria se sentir?" A resposta foi unânime. Eles ficariam *irados*. Uma coisa é acreditarmos que essas pessoas iriam para o inferno devido à sua falta de conhecimento sobre Cristo, mas algo bem diferente é *desejarmos* que elas sejam mandadas para lá.

A observação tão repetida de que "os cristãos atiram em seus feridos" não surgiu por acaso. Apesar de isso certamente não ser verdade para todos os cristãos, é correto para muitos deles. Essa é uma realidade na igreja de hoje. Nós não temos paciência com os outros porque queremos que eles sofram quando enfrentam situações com as quais nós também não conseguimos lidar. Não acredito que façamos isso de maneira consciente, mas com certeza o fazemos a um nível inconsciente. É assim que acreditamos que nosso Pai se sente. Queremos que as pessoas paguem por suas falhas. E muita gente crê que sua função é servir de guardião do céu, evitando o acesso de pessoas que não merecem ir para lá devido a suas ações.

Deus é paciente

Talvez a revelação mais emocionante que tive quando me apaixonei pelas pessoas foi que a paciência vem por meio da compreensão. E a compreensão acontece por meio do amor. Quando você ama alguém de verdade, seja seu cônjuge, seu filho ou um amigo, compreende o coração dessa pessoa. E, quando a compreende, passa a ter paciência com ela.

Imagine se você trabalhasse no pronto-socorro de um hospital e, numa determinada noite, uma criança de 2 anos fosse trazida depois de ter sido queimada com água fervente. A criança grita e chora a plenos pulmões. Enquanto você vai cortando as roupas dela com delicadeza, percebe que a pele ficou seriamente danificada. As perguntas que lhe faço são as seguintes: Você perderia a paciência com a criança porque ela está berrando? Ficaria se perguntando por que a mãe dela não a acalma? Tentaria fazê-la ficar quieta? Ficaria irritado? Acredito que não. Você é capaz de enxergar o motivo por que a criança está chorando. Você vê a essência do que está acontecendo e, por causa disso, os "sintomas" não o deixam estressado. Você não começa a perder a paciência porque compreende a situação.

Com o amor é a mesma coisa. Quando você ama alguém, vê a criança ferida em tudo o que a pessoa faz. Os olhos do amor enxergam além da carne, dentro do coração. Os impacientes são cegos para a essência das coisas. O amor enxerga dentro do coração das pessoas porque é lá que ele se origina e é para lá que ele se dirige. Quando buscamos ter paciência, precisamos procurar o amor para encontrá-la.

Quando minhas filhas eram pequenas, eu dizia à minha mulher que elas faziam milagres, pois conseguiam transformar qualquer coisa em manha. Como tinham idades muito próximas, elas faziam isso de maneira sincrônica. Em algumas ocasiões elas me encurralavam contra a parede e ficavam choramingando, uma de cada lado. Às vezes, no meio de uma cena assim, *eu me esquecia de que as amava* e começava a perder a paciência. Era nesse momento, quando eu desviava os olhos do amor que tinha por elas, que eu perdia a compreensão do motivo por que estavam chorando.

Era como ficar cego por um instante. Poucas coisas são mais estressantes do que escutar os berros de uma criança sem saber o que há de errado com ela. Assim que eu voltava a olhar para minhas filhas e a amá-las, enxergava o problema. Talvez estivessem chorando porque estavam cansadas ou com fome. Muitas vezes, era apenas porque se sentiam inseguras e precisavam de colo. Percebi que era impossível enxergar a razão do choro se eu não estivesse em sintonia com o amor que sentia por elas. Esse amor atravessava as ações delas e revelava o coração daquilo que faziam.

Deus é paciente com você porque Ele o compreende completamente. Quando o Criador o vê lutando contra um pecado, seus olhos divinos enxergam além do erro e chegam direto no seu coração. Ele sabe os motivos que o levam a fazer o que faz. A paciência que tem por você não se deve ao fato de Ele conseguir conter a terrível raiva que sente pela sua pessoa, mas pelo fato de conhecê-lo tão bem que não chega sequer a ficar irritado. O Pai vislumbra a criança ferida em tudo o que você faz. Os olhos do Senhor enxergam além do exterior e veem direto o seu coração.

Um dos grandes problemas das pessoas é que elas acham que se conhecem. É por isso que não sabem receber elogios; acreditam que as pessoas não têm ideia do que estão falando. O que pensamos a respeito de nós mesmos geralmente se resume a aonde vamos e o que fazemos. Mas não é isso que Deus vê quando olha para você. A atenção do Senhor está sempre no seu coração, pois é lá que mora a verdade a respeito de quem você é.

Deus é tolerante com a velocidade do seu crescimento. Ele nunca perde a paciência porque você não está conseguindo fazer uma coisa com rapidez suficiente. Ele se preocupa com o começo e com o fim da sua vida. Ele não se irrita quando você repete o mesmo erro vez após outra. Deus o compreende e é paciente porque está aí para acompanhá-lo em toda a sua jornada.

Há pouco tempo, eu e minha mulher fomos a um chá de bebê. Eu daria tudo para não estar lá. Desde o momento em que chegamos, comecei a imaginar o que eu poderia fazer para ir embora mais cedo. Minha mente estava a mil por hora, pensando numa boa desculpa para sumir dali. Até que minha mulher olhou para mim e cochichou no meu ouvido: "Simplesmente tome a decisão de que vai ficar até o fim e o seu estresse vai desaparecer." Ela estava certa. A minha impaciência estava crescendo porque eu tinha resolvido me apegar a ela. No momento em que mudei meu pensamento, fiquei calmo, relaxado e, pode acreditar, comecei a me divertir.

É isso que o amor faz. Deus resolveu que vai ficar com você por toda a eternidade. Ele tem paciência porque não está pensando em ir embora ou em sair de fininho sem que ninguém perceba. Ele veio para ficar e, por isso, tem uma visão bem clara da linha de chegada. Ele conhece o fim da sua história e está feliz com ele. Você não precisa se preocupar com o momento da sua morte, porque o seu Pai tem tudo sob controle. Ele é um autor de finais felizes.

Antes de meu filho nascer, minha mulher e eu levamos nossas quatro filhas ao SeaWorld, em San Diego. Fazia muito tempo que estávamos planejando essa viagem e passamos muitas horas preparando as meninas para aquilo que seria "a melhor experiência de suas vidas". Elas estavam ansiosíssimas. Toda noite, antes de colocá-las na cama, contávamos histórias de quatro menininhas que foram ao parque aquático e conheceram baleias, golfinhos e pinguins. Finalmente, um dia, às quatro da manhã, entramos no quarto delas, as pegamos no colo com cuidado e as levamos para o carro. Acomodamos cada uma delas em sua cadeirinha e partimos para a Califórnia. Quando elas acordaram, já estávamos no meio do caminho. O dia da nossa partida exigiu muito planejamento da nossa parte. Apesar de nenhuma das meninas saber quando seria a viagem, nós sabíamos. Tínhamos preparado tudo com semanas de antecedência. Elas só precisavam acreditar.

O coração de Deus é assim em relação ao dia da sua morte. Ele sabe qual é a hora da sua partida e garante que tudo vai estar arrumado quando o momento chegar. Você só precisa acreditar. Deus entende você melhor do que qualquer pessoa jamais vai entender. Ele o está preparando pacientemente para o dia em que vocês vão se encontrar. Ele faz sua fé crescer, o incentiva e providencia tudo de que você precisa para se tornar quem Ele planejou que você fosse.

Seu imenso amor faz com que Ele seja imensamente paciente. Essa é a razão pela qual você não deve temer.

Capítulo 4

Deus não manipula

Quando ela entrou na minha sala, fiquei em choque. Eu podia sentir a intensa dor que emanava dela. Através de seus traços delicados entrevia-se um espírito confuso, desgastado e decadente. Era como se em seus olhos houvesse velas com uma chama débil, prestes a se extinguir caso não acontecesse algo bom com urgência. Seus braços estavam cruzados atrás de uma enorme bolsa, tentando esconder hematomas e arranhões que os cobriam. A jovem parecia nervosa e pouco à vontade, como uma criança com medo de ser pega em plena travessura. Ela começou a tropeçar nas palavras, lutando para encontrar um ponto de partida. Ofereci uma xícara de café para quebrar a tensão. De repente, como se nem tivesse escutado o que eu disse, ela começou a contar sua história. A introdução era familiar, igual a milhares de outras que eu já tinha ouvido antes.

"Eu conheci um cara..."

O que se seguiu foi a mesma cantilena que sempre ouço quando uma mulher assim entra na minha sala: a lista geralmente comprida de coisas terríveis que "o cara" disse ou fez com ela nos últimos meses. Então, como se ela não tivesse declarado nada do que acabara de me contar, as seguintes palavras saíram de sua boca num tom quase petulante: "Mas eu sei que ele me ama."

A percepção de amor que essa moça tem representa um dos maiores erros que a nossa geração comete a respeito desse sentimento. Incontáveis homens e mulheres se entregam a essa crença patética. O que mais me incomoda é a quantidade de pessoas que sofrem por acreditar que o amor não precisa ser bondoso para ser verdadeiro. Estamos tão acostumados com a ausência de bondade que isso nem nos afeta mais.

Então me lembro daquelas imagens de crianças passando fome que vemos na TV. Seres humanos reduzidos a pele e osso com a barriga estufada, agachados na rua, à espera da morte. Os rostos sem vida como o daquela moça quando entrou na minha sala. Vejo aquelas crianças com os lábios inchados, cheios de feridas abertas, atraindo moscas. O tipo de imagem que se tornou notório. Quão pavorosa deve ser a vida delas a ponto de *não* espantarem as moscas? Será que, em meio a tanta desgraça, os insetos são um problema tão pequeno que nem vale a pena gastar energia para afastá-los? Aquilo que revira o estômago da maioria de nós é algo aceitável para essas crianças famintas. O mesmo raciocínio vale para a maldade nos relacionamentos. Ela se transformou na "mosca nos lábios" da vida amorosa de milhares de pessoas. Talvez isso aconteça porque estejamos famintos de amor. Apesar de a maldade ser incômoda para a alma, achamos que não vale a pena gastar energia para nos livrar dela.

Nós nos afastamos tanto da bondade que até nos esquecemos da aparência que ela tem e, como resultado, nos deixamos enganar por sua falsa semelhante. Para cada atributo do amor existe uma cópia que se pareça com ele, mas que na verdade é seu oposto. E, assim, a bondade foi substituída por uma falsificação pavorosa que engana até as pessoas mais espertas. Eu acredito que tanto os religiosos quanto os não religiosos aceitaram facilmente o falso semelhante da bondade.

O verdadeiro problema de engolirmos essa mentira é que, em última instância, também percebemos o coração de Deus de maneira errada. E isso é péssimo, porque nos impede de um dia chegarmos a conhecer a verdade do coração do nosso Pai.

A maior falsificação da bondade é a *manipulação*.

Quando a antítese da bondade – a manipulação – está presente, a verdadeira bondade se anula. Para que a bondade seja autêntica, não pode haver nenhuma segunda intenção por trás. Se alguma outra intenção é a base do seu gesto, ele deixa de ser um ato de generosidade e se transforma em manipulação.

É por isso que a reação da maioria das pessoas diante de um ato de bondade é: "O que você está querendo?" Nós nos acostumamos à mentira. Não compreendemos por que alguém faria algo de bom sem querer nada em troca. Além de termos nos tornado céticos, nos irritamos quando não conseguimos enxergar imediatamente uma motivação manipuladora por trás das ações de alguém. Ficamos nos sentimos intimidados quando experimentamos pela primeira vez a verdadeira bondade, porque ela nos confunde. Mas essa qualidade é baseada no amor e nada mais.

Eu já vi esta cena centenas de vezes. Um homem elogia uma mulher e diz palavras aparentemente gentis para ela, e logo depois a convida para sair. Todas as coisas simpáticas que ele disse a cegam. Algo no fundo do seu coração a deixa pouco à vontade, mas ela ignora essa sensação e concorda em sair com ele. Ela sabe que àquelas "palavras gentis" se seguiu uma investida, mas seu corpo reage e convence sua mente de que ele está sendo sincero. Finalmente, após desperdiçar um tempo considerável de sua vida, ela recobra o bom senso e termina o relacionamento, só para mais tarde repetir o mesmo roteiro, com alguma outra pessoa que vai lhe dizer aquilo que ela deseja escutar.

O maior risco de sermos alimentados com a falsa bondade é que, com o tempo, passamos a gostar disso. Quando somos abordados com verdadeira generosidade, desconfiamos. Isso é um problema no nosso relacionamento com Deus porque, até que compreendamos suas intenções e aprendamos a verdade a respeito Dele, inevitavelmente redefinimos Sua personalidade para se adequar ao que nos convém.

Nossa geração cristã ficou viciada na "bondade com sabor de Deus", que nada tem a ver com quem Ele realmente é. Essa imagem distorcida do Criador é algo tão repulsivo que não é nenhuma surpresa que algumas pessoas queiram fugir Dele, enquanto outras tentam adaptá-la a seus próprios interesses e a prefiram à verdade. É como se os homens chegassem à conclusão de que as mulheres gostam de ser maltratadas. Infelizmente, algumas de fato gostam. Esta é simplesmente a evolução daquilo em que o amor se transformou. O *bad boy* fica com a garota e o rapaz bonzinho fica a ver navios.

Para muita gente, a relação com a religião é parecida com uma relação abusiva entre marido e mulher. Assim como aquela jovem que esteve na minha sala, as pessoas são violentadas, espancadas e sofrem abuso, mas, em vez de enxergar esses atos como eles são de verdade, culpam a si mesmas, dizendo coisas como: "Se eu fosse uma pessoa melhor, isso não aconteceria comigo" ou "Eu mereço esse castigo por ter feito isso ou aquilo". Em última instância, elas encontram uma maneira distorcida de racionalizar que o abuso é bom para elas e necessário para seu crescimento espiritual. Como sua visão de bondade foi virada de cabeça para baixo, elas veem as agressões como evidência de amor, e não como indício de sua ausência.

A prova de que os cristãos acreditam nessas coisas é bastante clara. Fomos ensinados a usar a bondade como ferramenta de manipulação para levar as pessoas a fazerem o que desejamos. Nós nos unimos aos vizinhos para limpar pichações e reciclar o lixo do bairro, mas não abrimos nosso coração a eles. Isso acontece porque a bondade não é sincera. Ela é apenas um show que aprendemos a apresentar ao mundo por uma única razão: fazer com que as pessoas venham para a igreja. Raramente o objetivo da generosidade é tocar o coração de alguém. Na maioria das vezes temos motivações veladas por trás de tudo o que fazemos. Somos assim porque achamos que nosso Pai é assim.

Como acreditamos nas falsificações, partimos do princípio de que as bênçãos de Deus têm relação direta com a quantia que colocamos na cesta de oferendas. Tudo sobre a essência de Deus foi virado de cabeça para baixo por causa dessa falsificação. A teologia cristã pegou a verdade sobre a bondade autêntica, que diz "Vocês receberam de graça; deem também de graça" (Mateus 10:8), inverteu-a e mudou seu significado para "Se vocês derem, vão receber". Essa talvez seja a deformidade mais horrenda que já fizemos. Essa frase é um reflexo direto do demônio e a atribuímos a Deus sem questionamentos. O mais preocupante é que muitos de nós realmente gostamos de que as coisas sejam assim porque podemos calcular na ponta do lápis qual é nosso status junto a Deus. O problema com esta mentalidade é que ela não ajuda em nada nos relacionamentos. Ninguém quer ser amigo de um manipulador.

Muita gente pensa que Deus é um manipulador que sempre tem uma motivação egoísta por trás de tudo o que faz. É por isso que não acreditamos quando Ele faz algo de bom para nós. Quando temos um mau comportamento ou achamos que estamos fazendo algo errado, não esperamos nenhuma bênção até conseguirmos colocar as coisas em ordem. Se Ele nos abençoa, imediatamente passamos a imaginar o que precisamos fazer em troca. Quando vemos um conhecido que não leva uma vida correta recebendo uma graça de Deus, ficamos confusos e irritados, pois achamos que a pessoa não merece. Na maior parte do tempo, no entanto, não percebemos quando Deus faz algo bondoso para nós, porque estamos ocupados demais avaliando se merecemos ou não. Os cristãos de hoje têm mais propensão a atribuir a Deus as coisas que os magoam do que as bênçãos que lhes são oferecidas.

A bondade não tem nada a receber em troca, e isso desafia a lógica humana. A generosidade faz com que nos sintamos impotentes e inseguros porque não temos controle sobre ela. O sentimento de humildade que ela desperta no nosso coração é assustador, o que nos faz pensar que precisamos "retribuir o favor". Mas até sermos capazes de receber a bondade genuína, nunca iremos conhecer o coração de Deus.

A bondade sempre repousa no coração. A falsa bondade se dirige para o corpo ou para a mente. Essas coisas são transitórias, mas os atributos do coração são eternos. A bondade vem do amor, e o amor dura para sempre; então, para ser autêntica, a bondade tem que vir da parte de você que dura para sempre. Muita gente perdeu de vista esse aspecto obrigatório da bondade porque se distanciou de seu próprio coração.

Qualquer pessoa pode ter uma atitude simpática. Isso não exige amor. Mas um ato bondoso sempre atinge o coração porque é conduzido pelo amor. A simpatia é apreciada; a bondade faz você se ajoelhar e expor sentimentos que manteve escondidos durante toda a vida. É por isso que preferimos que as pessoas sejam simpáticas a bondosas. A simpatia mantém distância, mas a bondade *invade*. A simpatia nos faz sorrir, mas a bondade é capaz de nos fazer chorar. A simpatia dá tapinhas nas costas, mas a bondade massageia o coração. A simpatia pergunta "Como vai?", mas a bondade realmente quer saber a resposta.

Nas minhas sessões de aconselhamento, sempre me surpreendo de ver como algumas pessoas ficam confusas ao descobrir o que Deus realmente quer dizer a elas. É como se estivessem esperando que Ele viesse castigá-las por cada um de seus pecados e ouvissem que são amadas independentemente deles.

Deus é assim porque sabe que a causa das suas dificuldades se encontra no seu coração. Tudo na sua vida se origina no coração, e o Pai não se preocupa com as manifestações externas de seu coração partido. Ele o conhece melhor do que você mesmo.

A verdadeira bondade derruba fortalezas e destrói vícios. Amacia pessoas teimosas e desinfla o orgulho das arrogantes. A bondade é mais poderosa do que qualquer manifestação da carne. Você vai reconhecer quando ela for autêntica, porque seu coração ficará comovido e transformado em sua presença.

Fomos ensinados a acreditar que o medo da ira de Deus é o que nos traz arrependimento. A ameaça do inferno é enfiada em nossa cabeça por pregadores que acreditam que o medo é o maior motivador do espírito humano. O medo conquistou tanto respeito ao longo dos anos que a maioria das pessoas atribui mais poder a ele do que à bondade. O grande erro dessa maneira de pensar é que o temor pertence à carne, e tudo o que é da carne passa. A bondade, no entanto, é eterna.

A minha vida mudou quando comecei a compreender que o meu *coração* é o desejo do coração de Deus. Este é o centro da atenção divina. O Senhor o acalenta e o celebra; o adora e o admira. Para Ele, seu coração é como um lindo diamante. Ele fica estonteado com suas diversas facetas e fixado em sua beleza. O trabalho dele na sua vida está concentrado neste único lugar. Quando Ele fala com você, fala com o seu coração. Quando Ele toca você, toca o seu coração; quando Ele é tocado por você, é através do seu coração.

Deus é sempre bondoso. A bondade do Senhor faz com que seu coração se comova sem ter que oferecer nada em troca. Ele não é generoso para manipulá-lo ou para que faça coisas para Ele. Ele é generoso, pois essa é simplesmente a sua natureza.

Durante a Guerra do Golfo, um amigo meu, Mike, ficou gravemente ferido quando o helicóptero em que estava foi atingido por um míssil. Todos os companheiros que estavam com ele naquela missão morreram.

Apesar de ter fraturas por todo o corpo, Mike fez de tudo para tirar os amigos do helicóptero em chamas. Ele ganhou o Coração Púrpura, condecoração dada a todos os oficiais feridos durante as operações militares nos Estados Unidos. Mas passou os seis meses seguintes no hospital, imóvel, com a vida por um fio. Além de ter que lidar com a culpa e a vergonha de ter sido o único sobrevivente de seu pelotão, ainda precisou ouvir dos médicos que nunca mais voltaria a andar. Mas todos estavam errados. Mike recuperou os movimentos e se tornou um símbolo de otimismo.

Há alguns anos, Mike me ligou e me convidou para almoçar, dizendo que tinha uma coisa para me dar. O tom da sua voz me alertou de que algo fora do comum estava para acontecer. Ele me disse que pedira a Deus que o inspirasse a fim de descobrir o que me dar de presente de Natal e, depois de uma semana de reflexão, tomou sua decisão a respeito do presente perfeito. Quase caí para trás quando ele estendeu a mão e me deu o tal presente. Com uma expressão animada de generosidade nos olhos, Mike me presenteou com seu Coração Púrpura.

Este gesto inacreditável me deixou sem palavras. Eu só fiquei lá parado, estupefato. Não havia nada que eu pudesse dizer ou fazer. Eu não podia correr até a loja mais próxima para tentar retribuir o presente, pois dinheiro nenhum poderia comprar algo que chegasse perto daquilo. Mike tinha o meu coração como alvo, e o acertou. Ele acertou o alvo da única maneira que se pode acertar. Ele me deu *seu* coração.

Esta é uma linda imagem do coração de Deus. A razão de a bondade do Senhor nunca ter segundas intenções é que ela simplesmente não pode ser retribuída. A única coisa que você pode fazer é aceitá-la. Quando Deus entregou Seu único filho, Ele entregou Seu coração! Foi a única maneira que Ele encontrou para acertar no alvo do nosso coração. A bondade do Criador está além do âmbito do *reembolso*; ela transporta o coração humano para uma esfera em que nada além da aceitação pura e simples é possível. Só se pode alcançar essa dádiva quando o coração é tocado. A bondade é o único meio de tocar o coração, e Deus é o ser mais bondoso que existe.

Saber a verdade a respeito do Senhor muda tudo.

Capítulo 5

Deus não tem ciúmes

O dia da festa de Natal do nosso grupo de jovens finalmente havia chegado, e a casa estava transbordando com os sons das risadas e da música. Eu estava determinado a fazer com que aquela fosse a melhor festa da nossa vida. Eu seria o mestre de cerimônias. Quando o assunto era prender a atenção das pessoas, ninguém chegava aos meus pés. Todos se reuniram à minha volta e eu me transformei na estrela do show.

Cerca de 45 minutos depois, um som familiar começou a vir de outro cômodo. Era meu irmão David tocando piano. Dave era bem mais velho que eu e tinha passado quase toda a vida estudando piano. Ele era tão bom nisso que sempre roubava a cena quando começava a tocar. Assim, acabei perdendo minha plateia. Todos os meus amigos foram admirar o David. Achei que aquilo nunca mais ia acabar. No momento em que terminava uma canção, alguém pedia "Toque mais uma", e ele tocava. A coisa se estendeu por horas e eu me peguei desejando que ele errasse uma nota e mostrasse às pessoas que não merecia tanta veneração.

Quando os convidados estavam indo embora naquela noite, só falavam do "garoto prodígio" e seu talento musical impressionante, ao passo que a minha genialidade cômica tinha sido completamente esquecida. Eu me lembro de ficar sentado lá naquela sala, enjoado de tanta inveja. Era difícil respirar. Parecia que os meus ossos estavam derretendo por dentro. Minha vontade era pegar aquele piano e quebrá-lo em pedacinhos.

O coração da inveja

A ciência médica comprovou que, usando a técnica e os medicamentos certos, o corpo humano pode receber órgãos de animais. Os cientistas acreditam que um dia vai ser viável usar corações de macaco, de ovelha e até de porco para salvar vidas. A única coisa necessária será a administração de remédios que convençam o corpo de que aquele órgão de animal na verdade é humano.

Podemos aplicar essa mesma lógica à nossa percepção de amor. É incrível o que as pessoas são capazes de aceitar como verdade. Somos constantemente enganados pelas falsificações a ponto de acreditarmos numa versão de amor tão falsa quanto um coração de babuíno transplantado para um corpo humano.

Quando o ciúme (ou a inveja) é apresentado em sua forma mais crua, como na minha história, ele tem um cheiro muito característico. Certamente ninguém o confunde com o amor. Seu significado é o total oposto do significado do amor. Eu descobri, no entanto, que, com o passar dos anos, todos nós experimentamos uma transição gradual no nosso pensamento. Quando o assunto é amor, além de termos aprendido a aceitar seu oposto, até esperamos que ele aconteça.

A inveja é feia e egoísta. Em seu núcleo está o ciúme. Inveja e ciúme são nocivos ao relacionamento. Esses sentimentos deixam as pessoas ligadas em um “modo receptor” constante. O “modo doador” que o amor exige é inexistente, tornando as relações impossíveis. O egoísmo leva à morte da relação, e a inveja é um tipo de autoproteção que paralisa os relacionamentos.

Embora digamos que não acreditamos que o amor seja ciúmento, quando pensamos a respeito descobrimos que, no fundo, achamos que o ciúme é a verdadeira origem do amor. Acreditamos que, sem ele, o amor nem pode nascer. O ciúme pode ser comparado à luxúria. Ambos compartilham o mesmo coração e são alimentados por um desejo carnal de autogratificação. A nossa geração não crê que seja possível existir amor entre um homem e uma mulher se não houver atração física imediata. Quando um amigo quer apresentar você a alguém do sexo oposto, sua primeira pergunta provavelmente é: "Como essa pessoa é?" O tesouro que existe dentro dela não é nem de longe tão importante quanto a parte de fora.

Aprendemos a ter comportamentos que incitam a luxúria. Tentar despertar o interesse sexual nos outros é a maneira que muitas pessoas usam para encontrar seu valor. O mundo nos faz crer que se não formos fisicamente atraentes não temos nenhum valor, e, infelizmente, nossa geração aceitou essa ideia. As mulheres, em especial, foram ensinadas a desejar o olhar de luxúria dos homens quando entram em algum lugar. Esse olhar é a inveja em sua forma mais pura. As que se viciaram na arte da sedução não conseguem se sentir importantes sem ela. Ciúme e luxúria *tiram* dos outros em nome da satisfação pessoal.

Já vi mulheres entrando em lojas de roupas com a clara intenção de despertar os olhares masculinos. Elas não percebem como esse objetivo fica óbvio para as pessoas a seu redor. Elas vestem uma calça jeans e imediatamente se viram para olhar como ficou no traseiro. Colocam uma blusa e conferem o decote no espelho. Perguntam a uma amiga se o vestido lhes cai bem. Tudo isso é uma tentativa de atrair a atenção dos outros.

Os tesouros interiores não podem ser possuídos por outra pessoa em nome da satisfação pessoal. Eles só podem ser admirados. Indivíduos egoístas não têm nada a ganhar ao descobrir a beleza interior de alguém. A beleza exterior é bem diferente: ela pode ser vista, tocada, tomada e usada. Não requer intimidade nem proximidade emocional. É por isso que tanta gente coloca a aparência física no topo da lista de desejos em um parceiro.

Como as pessoas acreditam que o amor carrega o ciúme dentro de si, também atribuem essa característica a Deus. No dia em que me apaixonei pelas pessoas da minha congregação, percebi que a visão deturpada do coração de Deus estava completamente disseminada no pensamento cristão dos dias de hoje.

Nós nos conformamos com essa imagem de Deus e pensamos: se Ele faz isso, nós também podemos fazer. Se Ele não faz, não devemos fazer. É por isso que é imperativo sabermos a verdade a respeito Dele. Nós nos transformamos naquilo que acreditamos que Ele é. Se acreditamos que Deus sente ciúme e inveja, nos tornamos pessoas ciumentas e invejosas.

Infelizmente, nossa perspectiva humana de um Deus ciumento se apegou em nossa religião, produzindo resultados catastróficos. Ficamos aprisionados como a mulher escravizada pelo marido possessivo. Ela não pode ter amigos nem vida própria, porque seu mundo se limita ao esposo. Ela tenta se convencer de que ele age assim porque a ama, mas no fundo sabe que os motivos dele se baseiam apenas no seu amor-próprio. O máximo que ela pode fazer é seguir as regras e fazê-lo acreditar que ele é a única pessoa no mundo que lhe interessa. Ela espera que, uma vez se mostrando fiel, ele afrouxe o aperto mortal que mantém sobre ela e lhe devolva algumas migalhas de sua vida.

Por incrível que pareça, a quantidade de pessoas que falam de Deus dessa mesma maneira é enorme. Por causa das nossas concepções tortuosas a respeito de Dele, ficamos iguaizinhos a essa mulher na relação com nosso Pai. E o pior é que nem nos damos conta disso. Começamos a enxergar com os mesmos olhos da mulher que vê o ciúme como resultado de amor.

Pense nisso. Nós dizemos que "Deus quer lhe dar a vida dele" e isso deixou de parecer uma coisa ruim. Com o tempo, até começou a soar bonito. Incentivamos os outros a entregarem sua vida a Cristo porque temos certeza de que é isso o que Ele quer.

Cristo veio à Terra para que você tivesse vida. Ele nunca pede que você Lhe dê a sua vida. *É o seu coração que Ele deseja*. Só um Deus ciumento daria a vida a você e depois a exigiria de volta.

Esse pensamento equivocado fica evidente quando os cantores cristãos fazem música sobre algo que não seja Jesus. Se ousarem cantar a respeito de qualquer coisa além de Deus, a comunidade cristã os despreza. Sua fé é questionada e eles são considerados fiéis que perderam o rumo. Para Cristo, é lamentável que o dom da música não possa ser exprimido com liberdade.

Muitos cristãos não escutam nenhum tipo de música secular porque acreditam que Deus só lhes permite ouvir canções religiosas. Essa mentalidade nasce da crença de que Deus é ciumento. Acham que Ele pode ficar com ciúme se as pessoas dedicarem qualquer parte de seu dia a algo que não seja Ele. Elas O veem como um marido ciumento que não deseja que elas tenham vida própria.

Já vi pessoas que conferem seu comportamento constantemente para se assegurar de que não estão amando demais seu parceiro, por medo de que Deus fique com ciúme. Já vi casais apaixonados terminarem o namoro por perceberem que estão venerando um ao outro. Conheço gente que vive se analisando para checar se seus pensamentos estão mais concentrados em Deus do que nas pessoas que ama.

Há vários anos, um jovem casal me procurou em busca de conselhos relativos a seu bebê de seis meses. Era evidente que a criança tinha enfrentado uma série de problemas de saúde e a situação estava se agravando. Eu quase chorei ao escutar a teoria dos pais para explicar a fragilidade do bebê.

O pobre casal se culpava, achando que talvez tivesse transformado a criança em um "ídolo" em sua vida. Por amarem tanto o filho e fazerem tudo por ele, os pais acreditavam que Deus estava permitindo que a criança adoecesse por ciúme. Envenenados pela crença moderna de que Deus é ciumento, eles até citaram uma passagem da Bíblia que dizia que Deus iria destruir qualquer ídolo que Seu povo colocasse no coração antes dele.

Eu tenho um jeito de olhar para a minha mulher que só pode ser descrito de uma maneira: carinho. É um olhar profundo, que viaja para muito além da superfície e pousa bem no fundo do espírito dela. É um olhar que vê tudo o que está escondido no seu coração e o adora de maneira incondicional. Quando minha mulher vê aquela expressão nos meus olhos, tem certeza de que descobri mais uma coisa linda a seu respeito. Ela encontra seu valor interior porque sabe que eu o vejo cada vez que lanço aquele olhar de apreço.

O mesmo vale para os meus filhos. Eles veem seu valor através de mim. Eles descobrem quem são ao ver seu reflexo nos meus olhos. Eles não têm a menor dúvida de que eu os admiro profundamente. Esse olhar diz "Eu morreria por vocês", mas também diz "eu já morri por vocês. Eu não penso mais em mim mesmo; só em vocês".

Dentro de cada um de nós existe um baú de tesouro que está esperando para ser aberto pelo nosso Pai. Até apreciarmos verdadeiramente uma pessoa, esse baú permanece fechado. O olhar de estima genuína acontece quando descobrimos o valor interior daquele para quem estamos olhando. Eu já vi muita gente esperar uma vida inteira para que apenas uma pessoa encontre o valor dentro delas.

Quando esse olhar vem do nosso Pai, temos certeza de que sabemos quem somos. Parte dessa geração sem pai nunca foi apreciada pela pessoa de quem mais necessitava do apreço. E o resultado é que todos ficamos perdidos.

De certa forma, Deus é ciumento sim, mas é um ciúme do bem. Não tem nada a ver com o sentimento egoísta dos humanos. É um ciúme justo, que, na verdade, é o oposto do que pensamos sobre o ciúme. Até compreendermos o coração de Deus, nunca O veremos como Ele realmente é, e sempre manipularemos a mensagem da Bíblia para dar uma interpretação egoísta do ciúme divino.

Quando as Escrituras dizem que o Espírito Santo é ciumento, estão falando no contexto do amor. Um pai tem ciúme da filha que namora um homem que não a ama tanto quando ele próprio. Ele não está com ciúme por causa de si mesmo, mas em nome da filha. Ele quer que ela tenha o melhor e, ao vê-la se entregando a alguém que não a compreende do mesmo jeito que ele, imediatamente começa a sentir ciúme dela.

Deus não está competindo pelo seu amor. Sempre fico assombrado quando ouço alguém dizer: "Eu amo o Senhor mais do que amo minha mulher." A única maneira de amar Deus mais do que seu cônjuge é amar a Deus *por meio* do seu cônjuge. Seu companheiro é o receptor direto desse amor. Deus jamais vai se questionar a respeito de quem você ama mais. Ele não se incomoda de vê-lo se entregando por inteiro ao seu cônjuge. O Deus que é amor ama quando estamos amando. Para Ele não importa se alguém recebe ou não mais amor do que Ele.

Sempre que você ama alguém, está perto de Deus. O seu amor é a prova de que Deus vive dentro de você. É impossível amar a Deus mais do que se ama as pessoas, pois todas são receptoras diretas do nosso amor por Ele. Deus não fica com ciúme nem com inveja por causa do amor que você sente por Seu povo; Ele se deleita com isso porque é assim que criou a vida, é assim que ela deve funcionar.

Fico chocado ao ver que tanta gente vive isolada em sua própria casa. Muitos homens se trancam em seus cubículos de oração enquanto a mulher fica em outro aposento sozinha cuidando dos filhos. Eu chamo isso de adultério. Esse comportamento deriva da ideia de que Deus quer que as pessoas dediquem seu tempo só a ele, deixando a família de lado. Não estou criticando o hábito de reservar um tempo para orações, estou apenas questionando um modo de pensar que vai diretamente contra o coração de Deus. Se eu ficasse duas horas trancado no meu escritório, orando, enquanto minha mulher estivesse precisando da minha ajuda com as crianças, isso não poderia ser chamado de oração; isso se chamaria *pecado*.

Deus não tem inveja do nosso amor por outras pessoas, pois foi Ele quem criou esse sentimento! Deus é amor. Por que Ele iria contradizer sua própria natureza? Você deve amar as pessoas cada vez mais. Liberte-se para o amor do fundo do seu coração, porque seu Pai o fez para isso. Jesus nos disse que o caminho para amar a Deus é amar Seu povo.

Foi no momento em que me apaixonei pelas pessoas da minha congregação que eu passei a conhecer as partes mais profundas do coração de Deus. Imediatamente comecei a encontrar características do caráter do Criador entremeados no apreço que eu sentia pelos outros. Quando analisei esse sentimento, ele respondeu a muitas perguntas sobre a minha fé que tinham me mantido aprisionado e triste durante tanto tempo.

Esse amor não falava de maneira audível. Ele simplesmente

ganhou vida de repente no meu espírito. Foi como se ele tivesse estado ali durante toda a minha vida. De repente, percebi que o amor não tem inveja: porque só o cheiro do ciúme egoísta já é repulsivo quando se ama.

E, da mesma maneira que o amor não inveja, ele não se vangloria.

Capítulo 6

Astro de rock

Quando eu tinha 8 anos, minha mãe se casou novamente e fomos morar em Phoenix, no Arizona. Na época, meu pai biológico estava vivendo em Houston, no Texas. Todos os verões, eu e meu irmão mais velho, Kevin, nos revezávamos e viajávamos para passar duas semanas sozinhos com ele. Eu ficava o ano todo esperando pelas férias. Quando elas iam se aproximando, eu viajava durante as aulas, sonhando com a ida ao Texas. Quando as aulas terminavam e chegava a minha vez de pegar o avião, a ansiedade e a animação eram quase insuportáveis.

Lembro-me do dia em que Kevin voltou do Texas com um corte de cabelo diferente, roupas novas e uma mochila cheia de brinquedos interessantes. Isso significava que só faltava um mês para eu visitar meu pai. Eu não cabia em mim de tanta felicidade! Quando Kevin me levou para o quarto dele e mostrou cada brinquedo e peça de roupa que tinha ganhado do papai, comecei a perceber algo diferente nele, algo que fazia com que eu me sentisse pequeno e insignificante. Para ser bem direto: ele estava todo convencido. Nos dias seguintes, ele começou a se vangloriar de tudo o que ele e o papai tinham feito juntos. Ele falava de pessoas que eu não conhecia, de lugares que eu nunca tinha visto, de experiências que eram totalmente estranhas para mim.

Era óbvio que ele estava gostando daquilo. Dava para ver nos olhos dele. Kevin queria deixar claro que eu nunca teria uma relação tão próxima, íntima e divertida com nosso pai. Assim, em poucos dias, toda a minha expectativa passou de gloriosa e emocionante a desesperançada e terrível.

Quando embarquei no avião, me sentia vazio e inútil. Tudo o que eu havia sonhado durante tanto tempo já não parecia mais tão emocionante. Eu nem tinha energia para tentar fazer com que fosse divertido. Eu tinha sido oficialmente *desmotivado* pelo convencimento do meu irmão.

Muitos anos depois, pediram que eu fosse o orador de abertura em uma conferência sobre relacionamentos no Texas. Na metade do evento, um grupo dos "pastores-chefes" me convidou para almoçar. Durante nossa breve conversa antes de pedirmos os pratos, percebi que aqueles homens tinham extremo respeito e reverência por mim. Seus gestos e atitudes demonstravam que eles se sentiam um pouco intimidados com a minha presença.

Não demorou muito para a nossa comida chegar, e eles pediram que eu fizesse uma oração pela refeição. Abaixei a cabeça e disse: "Deus é grande e piedoso, e nós Lhe agradecemos por este alimento. Amém." Quando levantei a cabeça, vi uma cena que me fez rir. Eles pareciam desolados. Foi um misto de confusão total e decepção absoluta. Vários deles davam risadas histéricas enquanto outros ficavam ali sentados, cheios de desapontamento. A ideia deles de que eu era espiritualmente superior foi destruída.

Não fiz aquilo por arrogância. Simplesmente achei que precisava abrir os olhos deles. Eu sabia que se eles me colocassem em um pedestal, iam acabar se sentindo como eu me senti naquele dia com o meu irmão. Eu não queria que eles se afastassem de Deus por acharem que não seriam capazes de ter uma relação tão próxima do Pai quanto a que acreditavam que eu tinha.

Descobri que só existe uma maneira de erguer as pessoas. Pode não fazer muito sucesso nem ser atraente do ponto de vista espiritual, mas sempre funciona. A melhor maneira de erguer pessoas magoadas é se colocar abaixo delas.

Nas minhas viagens, as pessoas sempre me agradecem por "ser real". Acho que elas querem dizer que se identificam comigo. Eu não as faço pensar que alcancei um plano espiritual perfeito ao qual elas jamais poderão alcançar. Elas sentem que estão no mesmo nível que eu e que, se eu consegui chegar lá, elas também conseguirão. Faço isso por uma única razão: eu as amo, e o amor não se vangloria.

Quando aprendi a amar as pessoas, descobri que eu queria estar no mesmo nível delas – para o bem delas. Isso é o oposto de se vangloriar. Vangloriar-se é ficar se gabando das suas forças. Mas, quando você realmente ama as pessoas, acentua suas fraquezas com o objetivo de elevar aqueles que ama.

Vangloriar-se é se gabar da verdade. O grande problema de gabar-se é que faz com que as pessoas ao nosso redor se sintam rebaixadas. Faz com que se sintam fracassadas ou, no mínimo, inadequadas. Cultiva a inferioridade espiritual. Vanglória tem a ver com comparação. Quando exaltamos nossos méritos, informamos aos outros que eles não se equiparam a nós. E se eles não se equiparam, o relacionamento se torna impossível.

Uma pessoa inalcançável é alguém com quem não somos capazes de nos relacionar. Precisamos nos *relacionar* antes de ter um *relacionamento*. As pessoas que afirmam ter alcançado um nível espiritual acima da média costumam ser bem solitárias. Mas eu descobri uma coisa: elas são solitárias porque este nível espiritual não existe. Elas criam essa fachada de superespiritualidade como uma desculpa subconsciente para afastar os outros.

Esse é o maior obstáculo que preciso superar quando faço uma pregação. A maioria das pessoas acredita que os palestrantes são melhores do que elas ou que são dotados de poderes especiais que elas não têm. Os fiéis nunca me entregam seu coração até perceberem que somos iguais.

Vou ser sincero com você. No começo, eu gostava de toda essa atenção. Fazia com que eu me sentisse bem. Afinal, existe uma certa gratificação em ser famoso. É interessante ser visto como uma espécie de guru espiritual. Uma parte de mim adorava aquela exaltação, mas tive que abrir mão da vaidade porque realmente queria ajudar as pessoas, e eu sabia que elas nunca iam se conectar com alguém com que não conseguiam se relacionar.

Depois de observar cristãos ao longo dos últimos 20 anos, percebi que vangloriar-se se transformou em estilo de vida. Essa prática penetrou nas igrejas e se tornou aceita no mundo todo.

Um dos principais meios pelos quais o ato de se vangloriar se manifesta é o que chamo de "Deus-me-disse-ismo". Estou falando das pessoas que sentem a necessidade de anunciar ao mundo que "Deus me disse" que fizesse isso ou aquilo. Não seria tão ruim se essas revelações divinas se relacionassem a coisas importantes como "Deus me disse que escrevesse um livro", mas, para essas pessoas, Deus parece ditar cada detalhe de sua vida, desde que roupa vestir pela manhã até que caneta usar para preencher um cheque.

Essas pessoas sentem a necessidade de dividir conosco suas conversas com Deus não porque de fato conversam com Ele, mas porque querem garantir que *nós acreditamos* nisso. Elas estão tentando validar sua espiritualidade aos olhos dos outros. O problema é que, ao fazerem isso, deixam as pessoas imaginando por que Deus não fala com elas da mesma forma. Assim, se perguntam se fizeram algo de errado e qual o motivo de não escutarem a voz de Deus. Esse negativismo faz com que muita gente desista de criar uma relação com o Pai porque se sente a um milhão de quilômetros e distância dele. Em última instância, o hábito do "Deus-me-disse" causa mais mal do que bem.

Descobri que a maioria das pessoas que dão testemunho sobre como sua vida se transformou está mentindo. Geralmente o relato é exagerado para obter um efeito dramático. Fomos ensinados a tentar nos sobressair, e, nesse processo, muitos acabam floreando a verdade para fazer com que suas histórias pareçam mais emocionantes. Como resultado, os outros ficam se perguntando por que Deus não transforma suas vidas também.

Quem costuma se vangloriar das bênçãos que recebe muitas vezes acha que está fazendo um favor a Deus. Vangloriar-se e enfeitar a história para transformar Deus em um super-herói é uma tentativa de vendê-Lo a um mundo perdido.

Outra coisa que me deixa triste é ver pessoas que se tornaram "guerrilheiros da oração". Elas demonstram saber o que deve ser dito e como deve ser dito. É fantástico ouvi-las confrontar o inimigo, prender os demônios, pedir a bênção e despender a unção. O mais perturbador disso é o olhar de insegurança espiritual no rosto dos pobres coitados para quem se destina a oração. Quando tudo termina, eles se sentem piores do que antes.

O ato de se vangloriar geralmente faz com que as pessoas se sintam diminuídas e forçadas a um isolamento emocional e espiritual.

O que será que nos leva a pregar de maneira tão presunçosa? Pense no que lhe ensinaram a respeito de Deus. Por acaso você acha que Ele se vangloria de sua grandeza e bondade? Posso apostar que sim. Afinal, Ele é Deus e tem o direito de se orgulhar de Suas conquistas. É por isso que amplificamos essas coisas nos serviços de igreja.

Fazemos filmes que dramatizam o açoitamento e o espancamento pelo qual Ele passou em nosso nome. Na Páscoa, encenamos peças teatrais para reconstituir a surra que Jesus levou para nos libertar dos pecados. Acreditamos que Deus nos lembra desses momentos dolorosos para nos obrigar a obedecer às suas regras. Quando vemos o sofrimento que Ele suportou por nós, talvez nos sintamos forçados a recompensá-Lo com uma vida correta.

Esse Deus que me apresentaram na infância é como a mãe que vive lembrando os filhos de toda a dor que sentiu no parto para tentar fazer com que eles se sintam culpados e façam o que ela quer. Quando eu estava com 16 anos, já tinha presenciado centenas de encenações da Crucificação. Infelizmente, a mensagem do Evangelho foi afetada por essa maneira de pensar. "Deus ama você; venha a Ele" se transformou em "Jesus levou a maior surra que era para você levar, então, venha a Ele".

Deus não se vangloria

No Antigo Testamento, há a história de quando Moisés subiu a montanha para receber os Dez Mandamentos de Deus e uma nuvem enorme a cobriu. As pessoas nem podiam chegar perto da montanha, senão seriam mortas. O livro do Êxodo descreve a terra que tremia, os trovões, a fumaça e os relâmpagos que acompanharam essa experiência incrível. Todos temiam pela sua vida e suplicaram a Moisés que fosse sozinho falar com Deus em nome deles.

Elias teve um encontro com os profetas de Baal, desafiando-os a invocar seus deuses para queimar um sacrifício. Apesar de tudo o que os profetas falaram e clamaram, nada aconteceu. Então Elias deu um passo à frente e chamou Deus, e de repente caiu fogo do céu e consumiu o sacrifício completamente. Esse fogo insaciável lambeu até a água nas trincheiras que rodeavam o sacrifício. As pessoas ficaram perplexas com o poder de Deus e caíram no chão, cheias de reverência e temor.

Ezequiel teve uma visão do céu em que a glória de Deus preenchia o templo. Havia criaturas suspensas no ar fazendo louvores e honras incessantes a Deus. A experiência foi tão incrível que Ezequiel mal conseguia ficar em pé no meio daquilo tudo.

O mar se abre e deixa um caminho seco ao comando de Deus. As montanhas tremem ao som de Seu nome, e as colinas se derretem como cera à Sua presença. A glória do Senhor preenche a terra, e nada é impossível nem difícil demais para Ele. O gado de mil montanhas Lhe pertence, além de tudo o que está entre elas. Ele colocou as estrelas no lugar e posicionou os planetas a Seu gosto. O conhecimento e a beleza de Deus transcendem a imaginação humana, e os Seus inimigos literalmente se desmancham ao som de Sua voz. Ele está em todos os lugares ao mesmo tempo. Ele sabe tudo o que se pode saber e não existe nada que não tenha sido feito por Suas mãos.

Então como é que Deus quer que *você* se relacione com Ele?

Permita-me fazer uma pergunta: Você é capaz de se relacionar com uma nuvem enorme? Consegue ter intimidade com o fogo celestial? Pode se aproximar de um Pai que faz você derreter? Como é que Deus quer que você se relacione com Ele? A resposta é: *Da mesma maneira que se relacionaria com um carpinteiro sujo e sem teto*. Fico assustado com a maneira como os cristãos exaltam a magnitude de Deus. Estudamos Sua grandiosidade e fazemos músicas que elevam Sua magnificência. Nós nos deleitamos com Seu poder e o alcance de Seu reino. Aprendemos a falar do jeito que está escrito na Bíblia porque parece ser um jeito mais reverente de se expressar. Fazemos isso porque acreditamos que é exatamente o que Deus quer de nós. Assim, achamos que estamos nos aproximando do Senhor quando nos lembramos de Sua grandiosidade.

A maneira como vemos Deus me lembra um pouco o jeito como olhamos os astros de rock. Deus tem milhões de fãs ardorosos que afirmam conhecê-Lo e amá-Lo, mas não é Ele que as pessoas adoram: elas adoram Suas palavras, Seu poder e Seu visual impressionante. Os fãs não estão interessados em conhecer Seu coração, mas ficam hipnotizados por tudo aquilo que O rodeia.

Foi justamente por causa disso que Deus se tornou homem. Ele queria que nós O conhecêssemos *como ele é*. Apesar de Deus amar os anjos do céu, eles não passam de fãs, e a única coisa que conseguem enxergar é Sua glória e majestade.

Existe uma *parte interior* de Deus que permanece escondida por trás de tanta radiância e glória. Essa parte está tão enterrada que só pode ser revelada se for retirado tudo o que é grandioso e magnífico. Deus veio à terra como Cristo e se transformou em nada para que pudesse ter uma intimidade verdadeira com você. *Jesus é o centro de quem Deus é em seu coração*. Ele deseja tanto criar vínculos genuínos com você que se despiu de todo o seu esplendor para deixá-lo à vontade para escolher se quer ou não relacionar-se com Ele. Esta é a única maneira que Deus pode ter certeza de que você O ama.

Deus se transformou em alguém inferior a você para erguê-lo. Ele não apenas se transformou em homem, mas em um servo que morreu como criminoso na cruz. Uma das últimas coisas que Jesus fez antes de ser levado para a crucificação talvez seja o exemplo mais impressionante da humildade divina. Ele estava de quatro no chão, lavando pés sujos. Deus não se vangloria a respeito de quem é. Não está interessado em se gabar de Suas virtudes.

Pedro compreendeu quem era Jesus Cristo e tentou pôr fim àquela lavagem de pés. Ele se recusou a aceitar Deus dessa maneira. De certo modo, ele era bem parecido com os cristãos de hoje, que insistem em enxergar apenas o lado mais elevado de Sua natureza e nada mais. A resposta que Jesus deu a Pedro é a mesma que daria a muitos de nós: "Você precisa ser lavado pelo carpinteiro! Você precisa Me conhecer desta maneira se quiser algum dia vir a ser parte de Mim." A menos que você seja capaz de aceitar o lado mais simples de Deus, nunca vai chegar a ter intimidade com Ele. É impossível.

Imagine se um homem invadisse minha casa com planos de matar minha mulher e meus filhos, mas eu o convencesse a tirar a minha vida em vez da deles. Se ele os deixasse fugir e então passasse horas filmando enquanto me torturava até finalmente tirar a minha vida, você acha que eu ia querer que minha família algum dia assistisse àquela gravação? De jeito nenhum! Eu ia querer que se lembrassem da minha vida e do meu amor por eles, e não do sofrimento que suportei para salvar a vida deles. É assim que Deus se sente quando encenamos a *Via Crucis* na tentativa de encher as pessoas de culpa e condenação. Isso não serve para motivar; só irrita. Não é isso que o amor deseja.

Nunca ache que você precisa retribuir a Deus o sofrimento por que ele passou em seu nome. Isso foi um presente para você! Apenas receba-o e siga em frente. As pessoas que se vangloriam sempre esperam retribuição e se asseguram de que todo mundo saiba qual foi o preço do presente. Deus não é assim.

Deus também não quer que você compare o seu relacionamento com Ele com o de outra pessoa. Não existe comparação. A relação que tem com você é única. Nenhuma outra pessoa jamais terá aquilo que Ele e você têm juntos. Nunca deseje que sua relação seja parecida com a de outra pessoa. Esse não é o desejo de Deus.

Quando aprendi a olhar com atenção para a essência do amor, conheci a verdade a respeito do coração de Deus. Descobri que as coisas que tinham me ensinado na igreja durante toda a minha vida não eram verdade. À medida que minha jornada foi prosseguindo, comecei a enxergar um Deus que era mais parecido comigo do que eu jamais poderia ter imaginado. O nosso próximo passo nessa jornada talvez seja o mais assustador de todos.

Capítulo 7

Deus é orgulhoso?

As regras da conduta masculina ensinam que os homens não devem expressar suas emoções. Emoção é igual a fraqueza, e fraqueza é igual a covardia. Os heróis são frios como gelo e dependem apenas de si mesmos. São cavaleiros solitários que não precisam de nada nem de ninguém. Nada é capaz de penetrar-lhes o coração, porque eles já têm tudo de que precisam. Apesar de ajudarem pessoas em circunstâncias terríveis, eles próprios nunca necessitam que o favor lhes seja retribuído.

Eu me lembro de assistir aos filmes do Charles Bronson quando era pequeno. Ele era um ícone da masculinidade, ninguém chegava a seus pés. Em outros filmes, no final, o herói sempre ficava com a mocinha e saía cavalgando com ela em direção ao pôr do sol. Mas Charles Bronson, não, ele largava a mocinha. Ele não precisava de ninguém.

Talvez exista um pouco de Charles Bronson em todos os homens. Esta imagem machista é conhecida por todos nós, e a levamos para a relação com nossa companheira, nossos amigos e filhos. Ela diz: "Eu não preciso ser tocado no coração; aliás, não vou permitir que ninguém jamais tenha um vislumbre do meu coração."

No cerne dessa mentalidade está o orgulho. Ele fecha o coração e não deixa ninguém entrar. É diferente de quando alguém se fecha depois de ter sido ferido ou magoado. Pessoas orgulhosas sinceramente acreditam que não precisam ser tocadas por ninguém. E essa atitude produz uma mentalidade altamente destrutiva.

Pergunte se o amor é orgulhoso e a maioria das pessoas vai dizer que não. Ironicamente, uma das queixas mais comuns que ouço sobre as relações amorosas é que as pessoas não se abrem para o parceiro. Ao longo dos anos, este problema piorou e agora parece ter atingido seu nível máximo. Hoje uma pessoa é considerada forte e "inteira" quando se fecha para as outras. Como resultado, muita gente, no fundo, acredita que o amor é mesmo orgulhoso.

O Deus que me apresentaram na igreja era muito parecido com o tipo Charles Bronson. Ele não era tão desalmado, mas certamente não precisava de ninguém. Ou as coisas eram do Seu jeito ou não eram de jeito nenhum. Eu me lembro do pastor dizendo que Deus não precisava de nós, nós é que precisávamos dele – e, se em algum momento confundíssemos isso, Ele nos mostraria com muita clareza como as coisas funcionavam. Deus tinha o direito de ser orgulhoso, porque era perfeito. Afinal de contas, se é verdade, isso não é considerado orgulho. Deus não tem necessidades. Nós fomos colocados aqui apenas para servi-Lo. No momento em que saímos da linha ou nos recusamos a adorá-Lo, Ele cancela o nosso passaporte para a vida sem pensar duas vezes. Temos sorte de receber as bênçãos divinas, mas pensar que Deus pode precisar de nós é uma grande tolice. Ele tem em si mesmo tudo aquilo de que necessita. Não existe outra maneira de O beneficiarmos além de simplesmente fazer o que Ele diz.

Mais uma vez, definimos a essência de Deus de acordo com uma compreensão equivocada. Os pastores são tão autoconfiantes porque sinceramente acreditam que Deus também é assim. Eles creem que, quanto mais se parecerem com Deus, menos necessidades terão. Nós passamos a acreditar que o resultado de aceitar a imagem de Deus é não precisar mais das pessoas, porque nossa satisfação será encontrada dentro de nós mesmos.

Tudo o que nos ensinaram a respeito de louvar a Deus comprova nossa crença de que Ele é orgulhoso. Muitas pessoas dizem que fomos colocados aqui para louvá-Lo, que Deus nos criou para que pudéssemos lembrá-Lo o tempo todo de como Ele é grandioso. Dizemos a nós mesmos que O louvamos por obediência, porque é isso que Ele exige. No final de cada prece, temos o cuidado de atribuir a Ele toda a glória. Nós incentivamos uns aos outros a servi-Lo como escravos alienados. E acreditamos que, a menos que façamos isso por vontade própria, Deus vai nos arrastar a um "ponto de ruptura" em que nos submeteremos completamente a Ele.

A imagem que pintamos de Deus não é apenas cheia de orgulho, mas também de mau gosto. Se pegássemos as coisas que dizemos a respeito de Deus e as atribuíssemos a um colega de trabalho, certamente iríamos detestá-lo. Iríamos evitá-lo a qualquer custo. Para manter algum tipo de relacionamento com ele, precisaríamos ter muita paciência. É exatamente nessa situação que nos encontramos hoje em relação a Deus. Temos que incentivar as pessoas à nossa volta a se comprometerem com Ele, pois é fácil retomar os antigos hábitos e voltar a evitá-lo. Esse "retorno aos velhos hábitos" é culpado pela nossa reação ao "fedor" de um Deus orgulhoso. Ninguém gosta de uma pessoa orgulhosa. E ninguém gosta de um Deus orgulhoso.

Como eu disse, esse raciocínio se transfere para o dia a dia. Quantas mulheres passaram a ver o sexo como obrigação e não como expressão de amor? Quantas vezes nos sentimos forçados a levantar as mãos e entoar cânticos de louvor quando estamos cansados ou doentes, porque achamos que é isso que Deus espera de nós? Aprendemos a pensar em Deus como se fosse um marido desalmado que só se preocupa com suas próprias necessidades. Mas não há orgulho no coração de Deus. Ele não precisa da nossa adoração. Ele quer que nosso relacionamento seja mutuamente edificante.

Deus não é orgulhoso

Então, se não foi para louvá-Lo, por que Deus nos criou? Será que Ele não tinha nada melhor para fazer? Será que estava entediado? Será que somos apenas uma experiência que ele fez para observar do alto? O que ele estava pensando? Por que Deus, que tem tudo, iria desperdiçar Seu tempo criando um monte de gente miserável? O que poderíamos oferecer que Ele já não tivesse um milhão de vezes? Com certeza Deus estaria melhor sem esse incômodo.

A resposta a essas perguntas talvez seja o fato mais surpreendente que descobri a respeito de Deus.

Por que Ele nos criou? Porque o amor requer expressão.

Claro, o Senhor já trazia perto de Si os anjos, mas desejava uma outra maneira de expressar Seu amor. E, por algum motivo misterioso, o amor Dele não podia ser completo sem nós. Éramos, pelos menos em parte, um preenchimento daquilo que Lhe faltava. Será que isso quer dizer que Ele não tinha tudo de que precisava? Será que se sentia insatisfeito? Não. Mas mesmo assim tornou-se vulnerável para criar uma relação conosco. Por que nos surpreendemos com isso? Fomos criados à imagem de Deus. Temos as mesmas “necessidades”. Temos o desejo de nos relacionar, de sermos conhecidos e de compartilhar com os outros. Vamos considerar um exemplo da minha própria vida.

Depois de carregar as crianças adormecidas para a cama e dar um jeito rápido na cozinha, minha mulher e eu finalmente tínhamos um pouco de tempo só para nós. Como já havia acontecido tantas outras vezes, alugamos um filme e nos aninhamos no sofá para desfrutar uma noite de diversão descompromissada.

Para minha surpresa, Angie tinha escolhido um filme diferente. Não era uma história de amor nem uma comédia romântica. Era a história real de um homem que tinha uma doença fatal e estava lutando pela própria vida.

Do início ao fim, a história era de arrancar lágrimas. Precisei me esforçar para não me desmanchar em soluços. Pensei em beisebol, em trabalho e em várias outras coisas na tentativa de manter a compostura. Não teria sido um grande problema se não fosse o fato de minha mulher se inclinar para cima de mim o tempo todo a fim de conferir se eu estava chorando nas cenas mais dramáticas. Por algum motivo irritante, Angie estava determinada a me ver chorar, e isso estava me incomodando.

De repente, fui confrontado com uma dificuldade ainda maior. Apesar de eu conseguir manter os olhos secos, forçando a mente para estar em outro lugar, meu nariz estava começando a escorrer. Isso não seria nada sério, mas, se eu começasse a fungar, iria me entregar. O que fazer? Depois de quebrar a cabeça para encontrar uma resposta, comentei, como quem não quer nada, que estava ficando gripado. Assim eu teria liberdade para fungar, e foi o que fiz. Infelizmente, ela não caiu. No momento em que Angie me ouviu fungar, ela se inclinou para o meu lado e me pegou no pulo.

O que ela disse em seguida foi aquilo que todo homem teme. E o pior foi que ela falou com voz de bebê: "Amooooooooor, você está choraaaaaaaaannnndo?"

"Não", respondi em um tom ofendido. Eu não podia dizer muito mais do que isso, porque o tremor na minha voz iria me denunciar. Tive um acesso de tosse, na esperança de desviar a atenção.

Mas de nada adiantou. Ela já havia me pegado. Porém, naquela fração de segundo em que eu buscava um meio de preservar minha dignidade, algo extraordinário aconteceu. Minha mulher não estava envergonhada nem decepcionada com o que viu. Na verdade, ela se encheu de um prazer que eu não via desde a primeira vez que ela disse que me amava. Seus olhos brilhavam. Era como se Angie finalmente tivesse encontrado aquilo pelo qual procurava desde que havíamos nos casado.

Naquela noite, testemunhei minha esposa se apaixonar por mim novamente. A única coisa que eu podia fazer era ficar lá e receber seu amor. Parecia que ela precisava me ver chorar. Aquilo surtiu nela um efeito que não pode ser descrito em palavras. Nenhum presente jamais seria capaz de atingir o seu coração tão profundamente. Foi necessário que eu demonstrasse vulnerabilidade para chegar lá. E eu tinha chegado por puro acaso.

Deus procura em você a mesma coisa que a minha mulher encontrou em mim naquela noite no sofá. Angie queria me levar a um ponto de ruptura porque aquilo tocava o seu coração. Existem lugares recônditos em Angie que não podem ser tocados, a não ser pela minha vulnerabilidade. Ela precisa disso. Precisa saber que eu não sou impenetrável. Minha fragilidade a comove de maneiras que ela é incapaz de expressar. Com Deus é a mesma coisa. E o mais bonito disso tudo é que Deus *jamais* o levaria a um ponto de ruptura a não ser que Ele próprio já tivesse se rompido. Estar nu e pregado numa cruz tem menos a ver com sofrimento do que com vulnerabilidade total e completa.

Ao nos criar, Deus mostrou que estava disposto a se expor como um ser sensível e vulnerável, com necessidade de se conectar e de experimentar uma intimidade genuína. Ele desejava ter isso conosco, sabendo que iríamos amá-Lo e nos esforçar para enxergar Seu coração. Mas Ele literalmente se despiu de toda a glória para expor Seu lado frágil à humanidade. E tudo porque isso era necessário para estabelecer um relacionamento autêntico.

Apesar de Jesus ser um rei, não teve nenhum problema em se tornar carpinteiro. Apesar de toda a glória Lhe pertencer, Ele se sentia confortável em não ter um lugar para repousar a cabeça. Apesar de Suas mãos terem formado todo o Universo, Ele se deleitava em lavar pés sujos. Jesus gostava de fazer aquilo porque eram os pés de pessoas que Ele amava. Ele não exigia que ninguém Lhe demonstrasse o respeito que merecia. Ao contrário, convidava as pessoas a caminhar com Ele e chamá-Lo de irmão. Jesus quer que você O conheça da mesma maneira. Deus não busca seu medo nem sua reverência. Ele quer seu coração!

Dizer que Deus nos criou para adorá-Lo é tão horrível quanto eu dizer à minha mulher que me casei com ela por causa do sexo. Esse "benefício colateral" não era o que estava em minha cabeça. Deus não é assim com você. Ele o criou porque queria ter um relacionamento com você. Ele queria que *você* vivesse esse relacionamento também, pois esta precisa ser uma via de mão dupla.

Quando visito lugares diferentes, muitas pessoas me elogiam porque querem me edificar e alimentar meu espírito. Eu aprecio isso do fundo do coração, mas quando volto para casa e minha mulher me diz as mesmas coisas, parece que as palavras dela vão direto para minha alma. Elas me atingem com mais força e me fortalecem porque *ela me conhece*. Existe uma enorme diferença entre alguém me elogiar porque tem um respeito distante por mim e alguém me dizer que ama o que *conhece* a meu respeito.

É assim que Deus quer ser louvado. Seu principal desejo é que você o conheça primeiro. O louvor é a consumação do relacionamento – nunca deve precedê-lo. Quando você O louva, Ele não fica lá sentado só recebendo seu amor sem retribuí-lo. Ele lhe devolve os mesmos sentimentos que você expressa. Lembre-se de que o louvor não é apenas um ato de você para Deus. É um momento em que *vocês dois* podem expressar seu amor um pelo outro.

Quando as pessoas estão vulneráveis e se mostram totalmente, suas necessidades ficam expostas. Deus não sente falta de nada, e Seu amor não é orientado por necessidades. Ele é completo e altruísta. O desejo divino de ver sua vulnerabilidade não tem nada a ver com castigo ou vingança. Ele o desnuda porque Seu coração se aquece ao vê-lo por inteiro. É assim que Ele quer que você se mostre.

Muitas pessoas acreditam que pedir pouco a Deus é sinal de maturidade espiritual. Acreditamos que, quanto mais perto dele chegamos, menos necessidades temos. No entanto, isso está longe da verdade. Não existe nada mais acalentador para um pai do que expressar seu amor quando seu filho lhe pede algo que ele está ansioso para oferecer. E é ainda mais tocante quando se trata de algo que apenas ele pode fornecer.

Este é o coração de Deus! Ele não se ofende quando você Lhe pede coisas. Na verdade, fica comovido. Ele adora. Principalmente se você acreditar que Ele pode – e vai – conceder o seu desejo. Na verdade, Ele espera cheio de expectativa que você peça, pois o seu pedido atende o desejo divino de dar o necessário àqueles a quem ama. A sua vulnerabilidade toca a parte mais profunda e interna de Seu coração.

Jesus disse ao povo que tinha vindo à Terra não por aqueles que não precisavam dele, mas pelos que precisavam. O que O fez vir foram as necessidades das pessoas. A impotência humana foi o que levou Jesus a fazer o que fez e inspirou seus milagres. Ela foi o foco central de Suas pregações.

Descobrir que Deus não é orgulhoso fez com que eu me aproximasse cada vez mais dele, da mesma maneira que minha mulher se aproximou de mim quando me viu chorando. Mas quando descobri a verdade que está no próximo capítulo, eu me vi não apenas tendo liberdade para ficar mais próximo do Senhor, mas realmente desejando ter intimidade com Ele pela primeira vez na vida.

Capítulo 8

Deus se ofende?

Certa vez, enquanto ia de carro do trabalho para casa, fui trocando as estações do rádio em busca de alguma coisa para ajudar a passar o tempo. Depois de ouvir várias músicas chatas, sintonizei um programa famoso sobre o qual já ouvira falar muitas vezes. Ele era polêmico e contava com a participação dos ouvintes. Por curiosidade, parei para escutar. Passados uns 60 segundos, eu estava abismado com a grosseria do apresentador. Apesar de ele de fato ter senso de humor, era óbvio que isso não era motivo suficiente para atrair tantos seguidores. As pessoas que telefonavam realmente se divertiam com a personalidade grosseira daquele homem e pareciam ter verdadeiro respeito pela opinião dele. Elas o elogiavam por ser tão "direto" e por "dizer as coisas como elas são". Ele era exaltado como figura de força e ousadia.

Desconfio que ele tenha chegado a esse nível de fama por falar coisas que já estão na cabeça de todo mundo. Ele emitia sua opinião com uma energia que muitas pessoas gostariam de compartilhar, mas se recusam por medo. Ele não chegava a ser violento, mas era ríspido e grosseiro. A carreira dele aconteceu no momento certo, porque nós vivemos em uma sociedade grosseira.

Você poderia pensar que a grosseria é sempre malvista, mas nos últimos anos isso mudou. Hoje ela é aceita naturalmente e até considerada positiva algumas vezes, como no caso de apresentadores de programas de rádio e pessoas em cargos de liderança. As mulheres parecem se sentir atraídas por homens rudes. Polidez e boas maneiras se tornaram coisas do passado. Tempos atrás, um homem educado era considerado um bom partido. Hoje é visto como fraco e frágil. Eu fico surpreso com o número de mulheres que acham que a grosseria é sinal de força e segurança.

Da mesma maneira, muitos cristãos acreditam que Deus é rude e que isso é uma prova de Sua força e poder. Quando lemos nas Escrituras a passagem a respeito da resposta de Jesus aos fariseus, sem nenhuma maldade inserimos um tom agressivo na voz do Senhor – o mesmo que imaginamos que Ele usaria para falar com pessoas de quem não gostamos.

Tenho visto vários pastores adquirirem um hábito muito triste de usar um tom de voz e uma atitude rudes quando falam como se fossem Deus. Uma vez ouvi um evangelista relatar uma conversa em que o Senhor "disse" a ele: "Eu estou gaguejando ou as suas orelhas é que estão abanando?" Esse tipo de comentário pode até despertar risadas, mas não leva em consideração o efeito que causa no coração dos cristãos ao longo do tempo. Talvez as pessoas comecem a achar que Ele é assim e que é deste modo que Ele se relaciona conosco.

Já aconteceu de alguém lembrar uma conversa antiga que teve com você e, ao reproduzir sua fala, a pessoa usou um tom ríspido, completamente diferente do que você usou? Seu caráter foi malcompreendido. Talvez a pessoa tenha achado que você foi grosseiro, mas essa nunca foi sua intenção. Assim, você passou a ser visto como alguém indelicado, e a grosseria foi inserida em suas palavras. Você se lembra de como se sentiu invadido e incompreendido? Você foi rotulado com um temperamento que nada tinha a ver com a sua verdadeira personalidade. É assim que Deus se sente quando fazemos isso com Ele. Ele fica com o coração partido, porque essas histórias fazem com que Seus filhos lhe deem as costas.

O problema é que nós escutamos o que esperamos ouvir. Se achamos que Deus é rude, escutamos apenas agressividade quando Ele fala conosco. Destacamos passagens da Bíblia que parecem se encaixar na nossa teoria a respeito da atitude Dele.

Descobri que a maior parte dos cristãos quase nunca escuta Deus, porque seus ouvidos se transformaram em uma estação de grosseria. Eles ficam esperando uma correção, uma desaprovação ou uma ordem ríspida. E como essa é a única coisa que eles foram ensinados a ouvir, quase nunca escutam a voz de Deus.

Entre todas as definições de grosseiro que escutei, descobri um denominador comum: grosseiro significa *inacabado*. Incompleto. Como uma peça de madeira inacabada, áspera e cheia de farpas. Quando esse pedaço de madeira é esfregado em alguém, faz com que a pessoa sangre. Pedras que não foram polidas são "brutas". Essa é a imagem que serve para descrever o desconforto que podemos sentir ao conviver com uma pessoa rude.

Na época da Bíblia, os reis usavam mensageiros para entregar suas mensagens. Eles eram selecionados por sua capacidade de transmitir não apenas as palavras do rei, mas o tom em que foram ditas.

Se o rei ameaçava partir para a guerra contra um inimigo, ele enviava o mensageiro para representar sua raiva e sua fúria. Se o rei berrasse e batesse os punhos na mesa ao ditar a mensagem, o mensageiro iria berrar e bater os punhos no mesmo tom e da mesma maneira.

Hoje, muitos dos mensageiros não encenam o tom de Deus muito bem. Parece que eles não precisam de nada além das palavras da Bíblia. A única maneira de interpretar as Escrituras da forma adequada é se o mensageiro conhecer e compreender o tom do coração do Autor. Quando se dá tom de condenação e raiva a palavras de incentivo e amor, essas palavras assumem novo significado. Geralmente leva anos até que os filhos de Deus se recuperem dessas impressões de medo.

É por isso que a Bíblia diz que devemos falar a verdade com amor. A verdade deixa de ser verdade se for dita em qualquer tom que não seja o do amor. Nós, cristãos, acreditamos erroneamente que ser verdadeiro é o mesmo que ser "correto". A verdade e o amor estão entremeados. Se tirarmos o amor, também tiramos a verdade. Se você disser coisas horríveis para um cachorro em tom amável, ele vai abanar o rabo, todo animado. E se disser palavras de amor em tom bravo? O animal se encolhe e foge.

É por isso que tantos cristãos se escondem hoje. Palavras de amor foram ditas a eles em tom irado. Apesar de terem memorizado as palavras, guardaram também o tom no coração. Um pastor pode dizer todos os domingos que Deus ama sua congregação, mas se o próprio pastor não amar seus integrantes, o tom da mensagem vai ficar contaminado. Não basta pregar sobre um assunto, é preciso vivê-lo em seu coração antes que possa entregá-lo da maneira adequada. A mensagem de amor não pode ser entregue apenas com palavras. E como muitos pastores hoje em dia fazem exatamente isso, aprendemos a sobreviver sendo "corretos", sem jamais conhecer a verdade.

O ensinamento de que devemos "respeitar o homem de Deus" também demonstra uma mentalidade grosseira ou inacabada. Ele é usado para que as pessoas façam aquilo que o líder religioso deseja. Infelizmente, o trabalho de Cristo é negado quando se dá a entender que alguns cristãos são homens de Deus e outros não. Os "homens de Deus" no Antigo Testamento eram chamados de *servos* de Deus, ao passo que o Novo Testamento diz que somos *filhos e filhas* do Senhor. Todos os homens e mulheres merecem o mesmo respeito.

A ideia de grosseria também é vista quando afirmamos que Deus fica nos dando ordens, como se estivesse falando com uma criança. Quem é pai sabe como é quando os filhos começam a perguntar sobre tudo. Com a minha primeira filha, eu estava muito determinado a explicar todos os "porquês". Mas depois de cinco minutos respondendo sem parar, eu acabava recorrendo à resposta padrão: "Porque sim." Com o tempo, ela deu origem a outra resposta básica: "Você não precisa saber por quê; apenas faça o que estou dizendo."

Isso pode dar certo com os filhos, mas no momento em que tentamos usar essa mesma linha de raciocínio com outro adulto a coisa se torna obviamente grosseira. É desrespeitoso porque parte do princípio de que aquela informação incompleta é tudo o que a pessoa merece receber. É um questionamento de sua competência. É por isso que fico surpreso quando escuto as pessoas falarem que Deus nos trata com pouco respeito.

Construímos a nossa teologia em cima de um Deus ríspido que diz: "Faça isto porque eu estou dizendo para fazer." Isso evita que qualquer pessoa ouse perguntar por quê. Fazemos isso com a Bíblia mais do que com qualquer outra coisa. Depois que um versículo é lido, se você tiver a petulância de questioná-lo, toda a sua fé é levada a julgamento. Ensinaram-nos que não devemos precisar de nenhuma informação além do que está escrito. As Escrituras não têm necessidade de explicação. Ou seja, não questione, ou você vai ser tachado de rebelde.

Acredito que as citações das Escrituras são a rota de fuga de milhares de pastores, evangelistas e autores de hoje. Nós aprendemos a usá-las como escudo. É mais fácil do que perder tempo explicando com nossas palavras, porque sabemos que os cristãos foram programados para concordar imediatamente com tudo o que está na Bíblia. O cristianismo criou uma cláusula de "porque a Bíblia diz para fazer assim" no coração dos cristãos em uma tentativa de fazer com que eles abram mão de seu pensamento individual e aceitem qualquer coisa sem questionar. Até o ato de perguntar "por que" em relação ao versículo é interpretado como dúvida. Nós acreditamos nisso porque o Deus que nos apresentaram é grosseiro. Fomos ensinados a pensar que ele não negocia nem explica nada. A única coisa que Ele quer de nós é obediência.

Muita gente acredita que obediência cega é um sinal de maturidade espiritual. Passamos a enxergar Deus como um feitor de escravos cruel que não se interessa pela nossa opinião; Ele simplesmente quer que façamos aquilo que Ele diz. Já ouvi pessoas descreverem o verdadeiro cristão como um cavalo domado que só faz aquilo que lhe dizem para fazer. Não existe nenhuma relação com o domador além dos puxões nas rédeas para virar para a direita ou para a esquerda. Se somos criados ouvindo essas coisas absurdas, não é surpresa se nos afastamos da intimidade com Deus. Quem vai querer uma relação assim?

Deus não é cruel

Apesar de Deus ser o seu Pai do céu, é importante entender que Ele respeita você. Ele não o trata como criança. Ele compreende que você é adulto e lhe dedica o respeito que um adulto merece. Fico preocupado quando falamos como se Deus estivesse nos "dando palmadas" ou nos colocando "de castigo". Ele nunca vai ser condescendente com você ou tratá-lo como um bebê. Deus respeita as suas opiniões e decisões. Nem tudo tem que ser feito do jeito que Ele determina. Mesmo um cristão recém-convertido é tratado com respeito. Apesar de ser comum agirmos como se Deus nos visse como crianças imaturas, isso simplesmente não é verdade. Ele não demonstra respeito por uns e desrespeito por outros.

Quando a minha mulher e eu levamos as crianças ao shopping, temos sempre a mesma conversa antes de sairmos do carro. Nós lembramos a elas com firmeza que não podem sair correndo pelo estacionamento. Eu aviso que precisam obedecer ao papai e fazer o que ele está mandando.

Se alguém pedisse que minhas filhas descrevessem o coração do pai delas, eu ficaria muito triste se elas dissessem "Ele quer obediência". Eu exijo a obediência delas apenas porque quero que fiquem em segurança. Assim, me definir como alguém que só deseja a obediência é injusto. Essa imagem não ilustra o meu coração. O mesmo serve para a relação de Deus com cada um de nós. Ele quer que O obedeçamos para que estejamos seguros.

Deus nunca desejou que nossa relação com Ele fosse como a de um soldado que segue as ordens do comandante sem pensar. Se você perguntar "por que", Ele vai ajudá-lo a entender. Se você precisar de tempo para entender, Ele vai ensiná-lo com muita paciência. A relação é um diálogo, não um monólogo. Nossa visão atual da obediência põe fim à possibilidade de uma conversa de mão dupla.

Deus é um artista quando o assunto é você. Assim como todos os artistas, Ele enxerga o quadro final muito antes de terminá-lo. Se você perguntasse a um grande artista como Van Gogh o que ele via quando olhava para uma tela em branco, ele talvez respondesse que enxergava estrelas rodopiantes no céu da noite por cima de uma igreja aninhada no meio de montanhas rochosas. Um verdadeiro artista enxerga a obra-prima terminada.

Por causa dessa visão surpreendente, mais ampla do que a da maioria das pessoas, os artistas quase sempre cobrem o projeto com um véu ou um pano, para que fique escondido do mundo até estar terminado. Do ponto de vista dele, a obra já está finalizada, porque está viva dentro dele. Ele cobre a tela porque quer proteger aquilo que está em seu coração até que esteja totalmente expressado.

O seu Pai do céu está criando uma obra-prima em você. A obra-prima que você é já existe no coração de Deus. Não se esqueça disto: Ele nunca vai expor as coisas que não estão acabadas em você! Muita gente teme que Ele as exponha ao mundo. Deus *não* expõe o seu pecado. Ele o cobre.

A única exposição que Deus faz na sua vida é quando ele deseja revelar aos outros coisas bonitas a seu respeito. Da mesma maneira que minha mulher e eu fazíamos nossas filhas recitarem o alfabeto para os convidados que iam jantar conosco, Ele quer que as pessoas o amem e tenham tanto orgulho de você quanto Ele tem. No momento em que os convidados vão embora, o seu Pai volta a trabalhar na obra-prima que enxergou em você desde o início dos tempos. Tudo o que ainda está grosseiro e inacabado fica coberto com um véu de perfeição.

Certa noite, pouco depois de o serviço na igreja ter terminado, a recepção estava lotada de gente dando risada e conversando. Minhas filhas tinham acabado de sair da aula e estavam ansiosas para me encontrar. Elas corriam no meio das pessoas procurando por mim quando uma delas perdeu o controle da bexiga e fez xixi na calça ali mesmo, na frente de todo mundo. Seu rosto adquiriu uma expressão de pavor e vergonha que ficou gravada para sempre na minha alma. Enquanto ela olhava ao redor, nervosa, nossos olhares se cruzaram e ela choramingou bem baixinho: "Papai, eu fiz xixi."

Imediatamente eu a peguei no colo e a protegi da multidão. Abracei-a forte e encontrei uma saída bem rápido. Enquanto seguíamos para o carro como se nada tivesse acontecido, comecei a sentir que meu paletó e minha gravata estavam ficando encharcados. Em nenhum momento senti vontade de afastá-la de mim por causa disso. Pelo contrário, eu a apertei forte e falei palavras carinhosas no ouvido dela, garantindo que ninguém viu o que aconteceu.

Eu estava cobrindo uma obra-prima ainda em crescimento. É isso que os pais amorosos fazem. E é assim que Deus age em relação a você. Ele nunca vai expor seu pecado para o mundo.

Deus faz com que todas as coisas se completem e não deixa nada inacabado. Apesar de você ser uma obra em construção, Ele já o declarou o completo! Por meio de um sacrifício, Ele fez com que você fosse perfeito para sempre. Quando Ele olha para você, só vê o produto acabado. Quais foram as últimas palavras de Jesus? "Está terminado." Ele não o trata como nada menos do que isso.

Ainda assim, muitos cristãos desejam um Deus austero. Eles examinam as Escrituras em busca da confirmação de que Deus irá condená-los por cometerem um erro, apesar de Jesus ter dito "Eu nunca vou abandoná-los nem desprezá-los". Teologias inteiras são construídas baseadas em um Deus irascível que não está disposto a ficar do nosso lado. Isso cria um estado de constante insegurança, e aí é que está o poder da religião. Qualquer pessoa que aceite uma teologia em que não pode confiar inevitavelmente vai entrar em um círculo vicioso de amarras, medo e desassossego espiritual.

Algo acontece no comportamento de uma pessoa quando ela decide que seu casamento será para sempre. Ela passa a interagir com o parceiro com mais cuidado, pesa suas palavras e seu tom de voz. Quando sua mente está ajustada em uma mentalidade "para sempre", você se preocupa mais com o seu relacionamento.

Deus nunca é rude com você por uma razão básica: Ele tomou a decisão de ficar ao seu lado para sempre, em uma relação de casamento. O divórcio nunca Lhe passou pela cabeça. Deus nunca vai abandoná-lo e, por causa disso, Ele o trata da mesma maneira que espera ser tratado por você.

À medida que nossa jornada pela essência do amor progride, vemos que nossas antigas percepções a respeito do coração de Deus precisam ser totalmente revistas. E isso se mostra ainda mais verdadeiro no próximo capítulo, que acredito ser o mais importante de todos.

Capítulo 9

Deus precisa de nós?

Já fazia alguns meses que os meus pais agiam de maneira estranha, e parecia haver uma tensão fora do comum no ar quando eles estavam juntos. Uma noite, ouvi minha mãe chorar quando achava que o meu irmão e eu estávamos dormindo. Eu me lembro de ter ouvido algumas discussões. Do meu quarto, eu só conseguia distinguir pedaços da conversa, mas certa vez escutei minha mãe implorando ao meu pai que pensasse em "como isso vai afetar as crianças". Ele não falava nada. O som da minha mãe chorando fez com que eu me sentisse mal, como se eu estivesse fazendo algo de errado por ouvir aquilo. Eu sabia que não era para eu escutar. Por isso, eu nunca falei nada sobre o assunto.

Várias semanas depois, nossos pais nos chamaram ao quarto deles. Primeiro foi o meu irmão Kevin. Eles fecharam a porta atrás dele. Fiquei sentado no sofá da sala com os olhos fixos na porta do quarto no fim do corredor. O que poderia estar acontecendo? Meu cérebro de 6 anos e meio estava tentando juntar tudo com a maior rapidez possível. Meu coração batia forte e as palmas da minha mão ficaram úmidas. Finalmente, a porta se abriu e meu irmão saiu. Ele estava com uma expressão vazia no rosto, como se tivesse sido submetido a uma lavagem cerebral. O rosto de minha mãe estava vermelho e os olhos, inchados. Ela fez sinal para que eu me aproximasse.

Aquele momento da caminhada do sofá até o quarto dos meus pais permaneceu comigo durante quase 35 anos. Eu me lembro de cada passo. O ar foi ficando mais pesado à medida que eu me aproximava. Quando cheguei à porta, vi meu pai deitado na cama em posição fetal, com as costas viradas para mim. Minha mãe me pegou no colo e me deitou entre os dois. Papai não olhou para mim. Durante cerca de 10 minutos fiquei deitado com eles, escutando enquanto choravam. Fiquei esperando uma explicação sobre o que estava acontecendo, mas ela não veio.

Uma semana depois, finalmente recebi minha resposta quando vi meu pai entrar no carro e ir embora para começar uma nova vida com uma mulher que ele tinha conhecido no trabalho. Comecei a soluçar e a chamar o nome dele. Quando ele deu marcha a ré na porta de casa, tentei olhar nos olhos dele, na esperança de que talvez ele me visse e mudasse de ideia. Berrei a plenos pulmões quando percebi que ele não tinha me visto. Quando ele pisou no acelerador e passou na frente de casa, abanei as mãos no ar para chamar a atenção dele. Ele virou a cabeça para o outro lado. Eu escutava a voz de minha mãe me chamando. Ignorei a voz dela e continuei a gritar pelo meu pai enquanto ele ia se afastando com o carro. Depois de ficar lá parado durante o que pareceu uma eternidade, fui até a cozinha, onde minha mãe tinha preparado um sanduíche de manteiga de amendoim. Ela me entregou o lanche com lágrimas nos olhos e me deixou em paz.

Nos três minutos que meu pai levou para entrar no carro e ir embora da minha vida, algo de horrível aconteceu no meu coração. Era uma dor indescritível. Parecia que meu coração tinha sido colocado em um moedor de carne. Minha alma foi esmigalhada. Nunca consegui expressar com palavras exatamente o que aconteceu. Garotos de 6 anos não estão preparados para lutar pela vontade de continuar a viver. Fiquei entorpecido. Tive uma febre alta e comecei a vomitar convulsivamente. Minha mãe foi correndo comigo para o médico, que deu uma explicação básica: eu estava passando por um momento traumático, mas aquela reação era normal. Ele aconselhou minha mãe a me levar para casa e me fazer descansar.

Se eu encontrasse esse médico hoje, lhe diria que ele errou feio no diagnóstico. Eu não estava traumatizado; eu estava morto.

Eu estava morto antes de ir encontrar minha mãe na cozinha. Eu estava morto a caminho do consultório do médico, e estava morto quando cheguei. Na verdade, eu passei os 20 anos seguintes caminhando como um homem morto. As duas únicas emoções que experimentei foram raiva e depressão. Apesar de meu corpo continuar a crescer, meu coração tinha murchado dentro de mim. Aos 26 anos, eu pensava como um garotinho de 6. Minhas emoções eram instáveis e fora de controle. Quando as coisas não eram do jeito que eu queria, eu tinha ataques e destruía tudo o que estava na minha frente. Minhas ações e reações pareciam com as de uma criança. Meninos de 6 anos destroem brinquedos e enfeites de casa, mas homens de 26 com coração de 6 destroem mundos e vidas.

Como isso aconteceu em uma idade tão tenra, fiz a mesma coisa que tantas outras pessoas fazem quando passam pela mesma situação: comecei a procurar alguém para me amar. Na minha cabeça de criança, o fato de meu pai ter nos abandonado significava que eu não era motivo suficiente para ele ficar. Dei início a uma tentativa desesperada de preencher o vazio deixado por ele. Eu ficava carente e ansioso quando começava um relacionamento, e quando o vazio voltava eu terminava tudo para tentar achar em outro lugar um amor que me completasse. Durante mais de 20 anos procurei em todos os cantos por uma experiência que me tornasse inteiro outra vez. Mas só no dia que me apaixonei pelas pessoas da minha congregação é que percebi como o amor funciona.

Depois de passar de cidade em cidade, de pessoa em pessoa e de relacionamento em relacionamento, tentando encontrar alguém que me amasse, finalmente consegui enxergar com clareza que meu pensamento estava virado de cabeça para baixo. Não era bem de ponta-cabeça, mas era do avesso, de trás para a frente, cem por cento errado. Eu estava definindo o amor da mesma maneira que a maioria das pessoas desta geração o define: medindo quanto ele me beneficiava pessoalmente.

Imagine a minha surpresa quando eu descobri que a experiência do amor não se baseia em receber, mas sim em *dar*. Ter alguém que o ame não é o mesmo que *viver o amor*. A única maneira de viver o amor é sendo aquele que ama. A verdadeira alegria e satisfação só acontecem quando amamos as pessoas, não quando encontramos alguém para nos amar. Infelizmente, o mundo e a religião subverteram essa ideia e passamos a acreditar que experimentar o amor significa apenas recebê-lo para nós mesmos.

Como cada um de nós já tem uma verdade inscrita no coração, sabemos por instinto que Deus é amor. Essa noção é a assinatura de nosso Criador. É por isso que pessoas que nunca foram à igreja podem saber instintivamente que nós, cristãos, estamos errados a respeito de muitas coisas que dizemos com relação a Deus. Elas já sabem que Deus é amor. O problema aparece quando elas tentam identificar o que é amor.

Por causa dessa assinatura implantada no nosso coração, tudo o que pensamos sobre o amor, pensamos sobre Deus. Ao longo dos anos, redefinimos o coração de Deus como o exemplo máximo do egoísmo, pois é assim que vemos o amor. Acredito que esta é a razão, em última instância, para as pessoas não entregarem o coração a Ele. Ninguém gosta de uma pessoa egoísta, e ninguém gosta de um Deus egoísta.

Nós O encaramos como se Ele só estivesse preocupado com Sua vontade e não levasse em consideração as nossas necessidades. Por causa disso, muitos cristãos se apavoram diante de escolhas simples que precisam fazer na vida, temendo que sua opção seja a "escolha de Deus". É como se acreditassem que, sempre que se deparam com um leque de opções, só existe *uma* que é da vontade de Deus.

O resultado dessa teologia distorcida é o que vejo no cristianismo de hoje: pessoas perdendo a individualidade em nome de uma religião que exige que abram mão de seus próprios desejos e sonhos na tentativa de deixar Deus feliz. Já conheci muita gente que afirma não conhecer a si mesmo porque foi treinada a tentar ser outra pessoa. Já vi cristãos bem-intencionados abrirem mão de seus sonhos a fim de se encaixarem no sistema institucional em que foram criados.

Fomos induzidos a acreditar que Deus exige que nos humilhemos à Sua presença. Infelizmente, essa atitude se transformou na maneira politicamente correta de pensar dentro da igreja. Muitas pessoas se recusam até a receber um elogio por um trabalho benfeito, temendo que isso signifique que estão roubando o mérito de Deus.

Nossa crença a respeito do que é "ser como Cristo" também foi distorcida e passamos a achar que isso significa imitá-Lo. Assim, vivemos em um mundo de disputa, em que as pessoas fazem o que podem para representar sua concepção pessoal de Jesus. Infelizmente, muitas perdem a própria identidade no processo. Ser único ou ter individualidade se tornou algo malvisto no cristianismo em muitos países, e hoje a ideia que prevalece é: Deus não quer indivíduos, Ele quer clones de Si mesmo.

Muitos acreditam que todas as obras de Deus em sua vida fazem parte de um plano divino para aumentar Seu reino. Esse raciocínio é uma das piores acusações de egoísmo que lançamos contra Ele. Nós definimos o caminho cristão como "servir a Deus" porque acreditamos que este é o objetivo do Senhor: criar um exército de escravos pessoais. Dessa forma, quem tem uma ambição maior é forçado a se sentir culpado e se submeter ao ensinamento que diz que somos pequenos demais para fazer alguma diferença. Abrimos mão de nossos sonhos em nome de Deus. Nossos planos precisam ser iguais aos do Criador, e, até que nos submetamos ao "Mestre", não vamos encontrar a verdadeira felicidade. Se Deus realmente exigisse isso, Ele seria muito mais do que apenas egoísta.

Até o pecado se contaminou com essa maneira de pensar. Achamos que Deus fica pessoalmente ofendido quando pecamos, porque Ele pensa na maneira como aquele pecado O atinge. Somos ensinados a não pecar para que Jesus não fique com raiva. Achamos que, se não falarmos palavrões e nos abstermos de drogas e sexo, as pessoas vão vê-Lo em nós e vão querer nos imitar. Damos testemunho disso e acreditamos que o mundo vai saber que somos cristãos porque não pecamos.

Por causa desse raciocínio, hoje há pessoas que viajam o mundo dando seu testemunho a respeito de como Deus as libertou de uma vida de pecado. Hoje, na mente da maioria de nós, o cristianismo é uma religião baseada no ato de não pecar. Meu palpite é que pensamos assim por acreditar que Deus busca seus próprios interesses e não está nem aí para nós.

Deus não é egoísta

Deus não enviou Seu próprio filho à morte por estar tão ofendido com o pecado que precisava surrar alguém para se sentir melhor. Uma "oferenda de pecado" não é feita a Deus, e sim ao próprio pecado. Imagine que você esteja sozinho na floresta e se depare com um urso. No momento em que o animal o vê e começa a correr na sua direção, eu garanto uma coisa: *é melhor ter algo a oferecer!* Se você não tiver nada para dar à fera, ela vai devorá-lo. O sacrifício na cruz foi essencialmente Cristo se entregando à fera e permitindo que ela o consumisse enquanto você fugia. Jesus não morreu para aplacar a fúria moral de Deus contra o pecado. Ele morreu para salvá-lo da fera. Ele morreu para livrá-lo do pecado.

É interessante que Deus tenha dado Seu único filho como resgate para nos livrar do pecado e, dois mil anos depois, tenhamos alterado as palavras do Evangelho para fazer parecer que o resgate foi pago a Deus. Em outras palavras, hoje acreditamos que Jesus precisou morrer porque Deus ia *colocar a carapuça* em alguém, então melhor que fosse em Jesus do que em nós. Que coisa comovente. Isso afasta ainda mais nossa vontade de ser adotado por um Pai como este. Mas não se engane. Foi o pecado que devorou Jesus, não Deus. "O preço do pecado é a morte." Esse preço é pago pelo pecado, não por Deus.

Deus não está preocupado em como fica a Sua imagem quando você falha. Ele nunca fica envergonhado pelos seus erros. A preocupação de Deus é sempre com você. Se Ele levasse em consideração a própria reputação, por que tomaria todos os seus pecados para Si e de fato iria *se transformar no pecado* para libertar você? Pense nisso!

O modo como Deus despreza o pecado não tem nada a ver com a maneira como ele O afeta. Ele repudia o pecado porque isso destrói Seus filhos. Quando você O procura clamando por perdão, a questão principal não é o perdão Dele, e sim se você pode ou não perdoar a si mesmo por sabotar sua própria vida.

Não pense que Deus se sente ofendido ou envergonhado pelo que o seu pecado *causou a Ele*. Ele fica angustiado por causa daquilo que o seu pecado *causou a você*!

A minha mulher e eu sempre fazemos uma recomendação a nossos filhos: "Nada de porta, nada de gaveta, nada de cadeira, nada de escada." Dizemos isso porque descobri que essas são algumas das coisas mais perigosas para uma criança dentro de casa. Noventa por cento das vezes que meus filhos se machucam é por estarem brincando com uma delas.

Quando eles se machucam brincando na escada, será que fico pessoalmente ofendido? Claro que não, porque não tem nada a ver comigo. A dor no meu coração nasce do amor sincero e altruísta pelos meus filhos. Eu detesto o efeito que uma escada pode causar em uma criança quando ela cai. O coração de Deus é assim quando se trata dos seus pecados.

A principal preocupação de Deus é a sua alegria e satisfação. O desejo do Criador é lhe dar uma vida abundante. Suas dádivas servem para aprimorar a sua vida e lhe trazer o máximo de alegria possível. O reino do Senhor não tem a ver com Ele; tem a ver com você, e Ele não beneficia a Si próprio nem um pouquinho até ver que você está recebendo aquela alegria. Infelizmente, fomos criados para achar que a vontade e os planos de Deus para a nossa vida serão sempre desagradáveis. Não somos capazes de conceber um Deus que espera que façamos o que o nosso coração deseja. Fomos treinados a acreditar que Ele se diverte nos levando para a direção oposta ao lugar aonde queremos ir, como se fosse um teste para ver se vamos servi-Lo ou fazer aquilo que desejamos. O amor simplesmente não pensa assim. Ele não quer ser servido. O amor *serve*, está lembrado?

Quando dizemos que Deus quer "nos usar" de alguma forma para dar continuidade a Seus planos, estamos dizendo uma coisa horrível a respeito da natureza divina. É muito triste para mim ouvir uma coisa dessas. Parece que Ele nos enxerga como peões e que vai nos manipular como quiser para satisfazer seus próprios intuitos e razões. É impossível descrever o nível de pesar que isso causa ao coração do Senhor. Esse pensamento é tão frio e sem amor, e nada tem a ver com a verdade de quem Ele é.

As dádivas que Ele lhe oferece nunca devem ser usadas à sua custa. Ele não quer que você seja usado por ninguém, nem por Ele próprio. As Suas dádivas lhe foram concedidas com o objetivo de levar alegria à *sua* vida, não com o motivo de servi-Lo de alguma maneira. Se você tem felicidade e contentamento, a radiância de Cristo vai brilhar através de você e Sua presença vai falar por si só. Ele é glorificado e fica feliz quando você está livre. É para isso que as dádivas são concedidas.

Deus não tem ciúme quando os outros o admiram e o amam por causa das coisas que você tem a oferecer. É com este fim que ele lhe concedeu esses dons, aliás. Ele quer que as pessoas tenham consideração por você e o respeitem. Ele adora quando os outros se sentem atraídos por você e ficam impressionados com seus talentos. Todo pai que ama os filhos pensa assim.

Imagine que eu tenha comprado para a minha mulher um vestido que ressalta a beleza dela, mas que a minha única preocupação seja que ela diga para todo mundo que fui eu quem comprou o vestido. Que tipo de marido eu seria se exigisse que ela corrigisse as pessoas quando lhe dissessem que estava bonita, informando que na verdade ela era muito feia, mas seu marido merecia toda a glória por ter comprado aquele vestido? É dessa maneira que retratamos o coração do nosso Deus. Os cristãos foram treinados para ofuscar seu brilho por medo de que Deus fique irado pelo fato de serem muito brilhantes. Não é uma loucura pensar assim?

Deus tem um objetivo sim, mas não é que sejamos Seus servos e mensageiros. O objetivo do Senhor é que sejamos Seus filhos e, por meio dessas relações, *nos tornemos a mensagem*. O problema é que nunca vamos nos abrir a essas relações se acharmos que Ele é egoísta. Sempre pensamos assim, nosso coração naturalmente dá as costas à intimidade com Ele.

Qual é a coisa mais importante que todos os pais querem para seus filhos? Que eles aproveitem a vida. Se seus filhos não estão felizes no momento, você é capaz de aceitar isso. Se eles não estão satisfeitos, você espera ansioso o momento em que estarão. Mas se eles nunca se divertem ou parecem felizes, não importa se deixam o quarto arrumado ou vão bem na escola. Nada importa além de ver a alegria e o contentamento voltarem ao rosto deles. O coração de Deus também é assim. Ele não fica feliz quando você se sente preso ou angustiado, e Ele o ama no decorrer das lutas e dificuldades da sua vida.

Apesar de nosso amor ser extremamente importante para Ele, também precisamos entender que Deus não é carente, desesperado por amor. Muita gente usa o amor que tem por Ele como ferramenta de negociação, pensando que Ele busca os próprios interesses tanto quanto nós. Ele nunca se comove ou se deixa manipular por promessas de dedicação e adoração. O seu amor tem que ser livre, tal como o do Senhor. Nós negociamos porque acreditamos que o amor de Deus por nós tem um preço. Não se engane: Deus não está preocupado com o que pode receber em troca, e sim com o que pode dar. Essa é a essência do amor e um retrato perfeito do divino coração. Até colocarmos as coisas na devida posição, vamos continuar a ver Deus da mesma maneira que vemos o demônio: egoísta.

Se Deus escolhesse o que queria para nós e impusesse Seu desejo a cada ação que praticássemos, seríamos meros robôs.

A Bíblia diz que quando Adão estava nominando os animais, qualquer nome que ele lhes desse era como seriam chamados. Deus concedeu a Adão esse poder e abençoou as escolhas que ele fez. O fato de termos sido criados com a chance de decidir o que fazer é uma prova de que Deus se preocupa com o interesse de seus filhos. Ele espera nossa decisão e a aceita, seja ela boa ou ruim.

A vontade de Deus é que você use a sua vontade. Foi Ele quem a deu a você. Quando você pergunta a Deus para onde ele quer que você vá, a resposta dele é a seguinte: "Aonde *você* quer ir?" O espírito do Criador nunca vai sobrepujar você e suas escolhas. Então não perca tempo orando para que Ele faça isso. Você foi criado à imagem de Deus e a chance de fazer suas próprias escolhas é parte dessa condição. Acredite se quiser, o amor deseja que você seja independente. A independência é a base do livre-arbítrio, e a sua liberdade é a imagem de Deus em você. Se Ele tentasse suprimir isso, estaria degradando Sua própria imagem.

A noção de que Deus nos rebaixa para engrandecer a Si próprio é completamente equivocada. É incrível a quantidade de fiéis que acreditam que Ele fica feliz quando nos diminuímos diante Dele. Que pai poderia se deleitar com isso? Dizer uma coisa dessas é o mesmo que afirmar que a morte de Jesus na cruz não valeu de nada. Nós negamos o direito que Ele nos deu e escolhemos proclamar sua ineficiência em nossa vida. E fazemos isso pensando que O estamos louvando. Que catástrofe!

Acredite se quiser, quando você rejeita um elogio e dá "toda a glória a Deus", Ele não recebe um único grama de glória por isso. De fato, quando alguém elogia a criação de Deus, quem é que recebe a glória? É isso mesmo. E Deus também elogia *você* com isso. Ele se orgulha de você! Que tipo de pai quer que os filhos rejeitem elogios? Deus se orgulha de você quando você faz alguma conquista, e não há *nenhuma* parte do coração Dele que deseja "toda a glória". Amaldiçoe essa ideia.

Essa é uma das percepções que mais representa nosso pensamento sobre a natureza de Deus. Terminamos nossas orações com "Vamos ter o cuidado de dar a *Vós* toda a glória", como se o Senhor estivesse nos seguindo para vigiar se não estamos roubando um pouco de Sua glória para nós. O coração de Deus deseja que Sua glória esteja sobre Seus filhos. Ele não está competindo conosco. Eu quero que as melhores partes de mim estejam presentes nos meus filhos, e Deus age da mesma maneira em relação a cada um de nós.

Como eu já disse antes, precisamos ter cuidado de não confundirmos "seguir o exemplo de Jesus" com "imitar" Jesus. Agir como Cristo é o processo por meio do qual permitimos que a mesma essência que O motivou também nos impulsione na vida. É a essência de Cristo – não Seu caráter, não Sua personalidade, não Seus maneirismos.

Deus não está no céu dizendo: "Por que vocês não podem ser mais parecidos com Jesus?" Em vez disso, Ele olha para nós e diz: "Fico tão feliz por vocês estarem ficando cada vez mais parecidos com *vocês*!"

Quando compreendemos que o amor busca os interesses dos outros e não os próprios, começamos a vislumbrar o coração do nosso Pai. E se descobrimos que Ele não tem a natureza egoísta, é mais simples acreditar que ele não pode ser provocado facilmente. Este é o assunto do nosso próximo capítulo.

Capítulo 10

A ira de Deus

Quando o carro dos meus pais desapareceu de vista na estrada em frente à nossa casa, meu irmão mais novo, Brian, deu o sinal verde. A diversão ia começar. Eu e mais cinco crianças havíamos inventado uma brincadeira tão cruel que dá até vergonha de contar. Tínhamos um cachorro chamado Pierre, um poodle francês com o pior humor que eu já vi. No canto da sala havia uma poltrona de veludo baixa, com franjas que iam até o chão. Pierre ficava escondido embaixo da poltrona enquanto corríamos como loucos em volta dela. Uma das crianças, então, inclinava a poltrona para trás e Pierre disparava a toda velocidade tentando abocanhar o calcanhar de quem estivesse mais perto. Devido ao fato de ele ser um poodle, era ainda mais divertido fazê-lo ficar irado. Achávamos aquilo hilário.

Nós fazíamos isso repetidas vezes, tomando cuidado para que cada criança tivesse sua vez de virar a cadeira e experimentar a satisfação de provocar o cachorro. Quando meus pais chegavam, nos encontravam obedientemente sentados fazendo a lição de casa, e Pierre à beira de um ataque cardíaco.

Seria fácil reduzir o assunto deste capítulo a "ira" simplesmente. Apesar de ser verdade que não é fácil provocar o amor para se transformar em ira, o fato é que não é fácil provocar o amor a nada. O amor não pode ser levado de uma emoção a outra. Ele não pode estar contente e feliz em um momento e ser impelido à ira, à depressão, à alegria ou à ofensa no instante seguinte. O amor é estável e real, e não pode ser controlado.

A questão principal é o controle. Algumas pessoas são rotuladas por serem dominadoras e tentarem controlar tudo. Outras se deixam controlar tão facilmente que eu me pergunto se as primeiras é que devem mesmo ser rotuladas.

Existe algo em perder o controle que se torna estranhamente viciante. Na verdade, abrir mão do autocontrole é a essência do vício. Por isso é tão difícil se recuperar de problemas como o alcoolismo. Não ter controle se transforma em um padrão de vida conveniente, e a perspectiva de retomar o autocontrole parece quase artificial. Exige que nos firmemos sobre as próprias pernas e sejamos responsáveis pelos nossos atos. É muito mais fácil relaxar e deixar que os outros nos controlem. Isso não dá nenhum trabalho.

Nossa visão de amor ficou tão distorcida que "perder o controle" é algo até esperado quando nos apaixonamos. Ao fazermos isso, estamos nos isentando de toda a responsabilidade pelos nossos atos. Apaixonar-se é considerado um acidente inevitável, e as pessoas não são culpadas por isso. Não é surpresa ver que pessoas que adotam essa mentalidade deixam de amar com a mesma facilidade com que começam. Afinal de contas, acidentes acontecem, e quem pode ser culpado quando o assunto é amor?

Vejo meus filhos me testando frequentemente, na tentativa de avaliar meu amor por eles. Eles fazem isso me provocando, ultrapassando os limites que estabeleci. Então ficam me observando para ver minha reação. Será que vou perder a paciência? Será que vou gritar com eles? Será que só vou ficar sentado sem fazer nada? O que vou fazer?

O que eles estão fazendo é tentando descobrir qual é o *meu* limite. Estão querendo verificar se suas ações são capazes de manipular o meu comportamento. Se eu perder a paciência, eles ganham o controle sobre mim. Se fico sentado e não faço nada, eles entendem que podem desobedecer às minhas regras sem nenhuma consequência. Desde cedo eles vêm me testando para ver qual é a minha posição.

Já vi famílias em que uma criança de três anos tem controle completo sobre a mãe e o pai. É quase cômico de observar. Os psicólogos dizem que crianças assim são famintas por atenção, mas eu não acho que pare por aí. Acredito que essas crianças são famintas por controle. Muitos pais são tão desafiados pelos filhos que a criança literalmente escolhe o clima da casa. Os pais se tornam marionetes nas mãos deles. A criança manipula o pai e a mãe para conseguir o que quer. E o pior é que eles usam o amor como justificativa para se deixarem ser provocados com tanta facilidade.

O lado negativo desse jogo é que, quando a criança sabe que é capaz de controlar os pais, ela acha que pais que se deixam provocar não amam seus filhos. As crianças precisam da estabilidade dos pais. Da mesma maneira que acontece com todos nós, elas têm a verdade do amor escrita no coração, e essa verdade diz que *não é fácil provocar o amor*. As crianças fazem testes e provações, mas precisam que os pais sejam firmes e não se deixem controlar. No momento em que os adultos cedem à manipulação, a intimidade é postergada. As crianças não vão entregar o coração para uma mãe ou um pai que são capazes de controlar, pois não se sentem seguras. Elas necessitam de mais do que um *papai bravo* ou uma *mamãe chorosa*. As crianças buscam algo maior do que elas e, até encontrarem, nunca vão compartilhar seu verdadeiro eu. É por isso que as crianças que conseguem manipular os pais quase nunca os respeitam.

Os pais também tentam provocar os filhos de diversas maneiras. Usam o medo ou a vergonha para fazer com que as crianças obedeçam, além de ameaças de palmadas e castigo. Muitas vezes, a culpa também serve como instrumento de manipulação por parte dos pais. Seja qual for a técnica, a mentalidade por trás é sempre a mesma. Tudo vem de um coração que não compreende a verdade a respeito do amor.

Eu me sinto mal pelas mulheres que acreditam que o amor pode ser provocado com facilidade. Essa falsa compreensão faz com que muitas delas fiquem presas a experiências degradantes e relacionamentos violentos em que se sentem "amadas" por homens que agem de maneira enlouquecida e sem controle. A satisfação mórbida que elas tiram desse tipo de relação se torna viciante, e algumas sentem que não são amadas quando o companheiro não reage às suas provocações. Já ouvi mulheres violentadas admitindo que provocam o parceiro de propósito para obter uma reação, porque essa é a única forma de "amor" que elas compreendem.

Esta é a mesma lente rachada através da qual enxergamos Deus hoje. Infelizmente, fomos ensinados que provocar é a maneira de conseguir respostas a nossas preces. Muitos cristãos parecem acreditar que Ele não faz nada, a menos que seja provocado. Criamos um Deus de controle remoto que entra em ação no momento em que apertamos os botões certos – apesar disso, há aqueles que passam a vida toda tentando descobrir o código correto para conseguir o que querem.

Nós *representamos* aquilo que acreditamos que Deus deseja ver e ouvir, na esperança de que Ele vai se deixar enganar e reagir a nosso favor. Algumas pessoas até usam os versículos da Bíblia para conversar com Ele, porque acham que assim parecem espiritualizadas e então Deus vai responder. Outras tentam fingir que estão chorando ou sofrendo para que Ele se sinta mal e responda a suas orações. Parece que a maior parte dos ensinamentos de hoje a respeito da oração são técnicas de como provocar Deus.

Há muitas ocasiões autênticas em que as pessoas realmente choram em suas orações. Quando emoções fortes saem de um coração partido que clama a Deus que lhe traga cura e conforto, Ele fica comovido de verdade. No entanto, quando fingimos emoção com o intuito de manipular Deus, estamos reforçando a crença em um Pai que se deixa provocar com facilidade.

Aprendemos que Deus deseja que tenhamos um coração humilde, então damos tudo de nós para retratar a humildade quando O procuramos. Ouvimos dizer que Deus é passional, por isso lançamos as mãos ao alto e nos forçamos a criar paixão. Quando tudo o mais falha, apelamos para o último recurso: citamos a Escritura em uma tentativa de forçá-Lo "legalmente" a cumprir aquilo que Ele disse que ia fazer.

Há algo dentro de nós que pensa exatamente do jeito que nossas crianças. Nós tentamos com todas as forças provocar, controlar e forçar Deus a fazer aquilo que queremos, mas, no fundo do coração, precisamos que Ele seja mais forte do que nós. Infelizmente, muitos cristãos acreditam que Ele de fato cede. Fomos levados a crer que, se tivermos fé, ele é obrigado a fazer o que desejamos. Se lermos um versículo da Bíblia, Ele tem que reagir. Se fizermos uma oferenda, Ele tem que nos abençoar.

Fomos criados para aceitar um Deus irado. Pior: fomos ensinados a crer que é *fácil* irritá-Lo. Não é necessário muito esforço para fazer com que Ele perca a paciência. Citamos passagens do Antigo Testamento que parecem descrevê-lo como um vulcão prestes a entrar em erupção; nós nos atemos a passagens que citam pessoas que foram enviadas à morte e as usamos fora de contexto como evidência contra Deus. Então jogamos a ameaça da Sua ira sobre a cabeça de qualquer pessoa que pode estar pensando em abandonar a igreja ou cometer um pecado.

Além de acreditarmos nisso, dependemos da ira do Senhor para nos mantermos sob controle – caso contrário, simplesmente sairíamos por aí fazendo loucuras. Por que as pessoas que precisam acreditar em um Deus irado para motivá-las a andar na linha reagem com ira a qualquer questionamento sobre suas crenças? O poder que elas usaram para conseguir abandonar hábitos destrutivos e se abster do pecado tinha raízes em seu medo do castigo. E quando a graça ameaça levar esse poder embora, só lhes resta ficar sozinhas, e elas são tomadas pelo medo do que são capazes de fazer.

O medo se transformou na cola que mantém a igreja em pé. Se os ministros religiosos eliminassem o medo como fator de motivação, seu negócio iria à falência. A infraestrutura que os sustenta iria ruir. Nossas crenças a respeito de Deus estão contaminadas com esse mesmo veneno. Oferecer sermões, chamados ao altar, Comunhão e até mesmo discursos sobre a salvação são ações que dependem do medo para forçar as pessoas a se converterem. É absurdo, mas hoje ouvimos dizer que ter pavor de Deus é uma atitude *santificada*.

A afirmação de que Deus vai se virar contra você se cometer algum pecado é absolutamente errada. No entanto, este medo é a razão por que muita gente se considera católica. A maior parte do cristianismo é construída em cima do medo do inferno. É como se Deus nos tivesse feito uma oferta que não podemos recusar: "Converta-se ou queime!" Se os cristãos descobrissem que o inferno tinha sido fechado, quantos iriam escolher ter uma relação com Deus?

Uma coisa interessante que descobri é que as pessoas ou veem Deus como um ser hostil e irado ou como um ser deprimido. Os ensinamentos que recebi desde a infância descreviam a facilidade de magoar e ofender o Espírito Santo. O que quer que fizéssemos, o Espírito Santo sempre ficava magoado. Assim como acontece com muita gente, aprendi a viver com medo de ferir os sentimentos de Deus. Ele se parecia com o meu padrasto, que ficava com um ar de decepção sempre que eu fazia alguma coisa errada. Eu tinha a sensação constante de que devia uma vida inteira de desculpas a ele.

Deus não se deixa provocar com facilidade

Não se engane: *Deus nunca vai virar as costas para você!* Os olhos do Senhor estão sempre sobre você, em uma afirmação de amor. Você é tudo para Ele. Nada que você jamais faça vai fazer com que Ele se sinta provocado e lhe dê as costas.

Muitas vezes confundimos *consequências* naturais com *negação de bênçãos*. Se você não dá nada, Deus não vai amá-lo menos do que se der tudo o que tem. Existem leis no domínio espiritual, e as leis que governam o ato de dar no domínio espiritual nada têm a ver com bênção ou falta de bênção. As benesses divinas são governadas por consequências naturais e se aplicam a todos os seres humanos crentes ou descrentes da mesma maneira.

Deus não se sente provocado quando as pessoas se colocam de propósito em posições financeiras perigosas em nome da fé. De fato, há relatos nas Escrituras em que alguém só tinha um centavo e que, quando a pessoa o ofereceu, Ele fez um milagre. Às vezes a vida nos leva a lugares de devastação, e a promessa do Pai é que, quando você chegar lá, Ele vai abraçá-lo e salvá-lo. Criar esta situação de propósito é o mesmo que provocar o Senhor. Por que pegar algo bonito e forçá-lo a se transformar em algo mecânico? Ele não precisa ser lembrado do que disse nas Escrituras. O seu Pai não precisa ser provocado para ajudá-lo; Ele sente *prazer* quando abençoa continuamente aqueles que ama.

Desde que aprendi a amar as pessoas, percebi que existem duas perspectivas em relação ao que significa ser sensível. Ironicamente, elas se encontram em polos opostos. Dizemos que uma pessoa é "sensível" quando ela se ofende com tanta facilidade que os outros precisam pisar em ovos quando estão perto dela. E dizemos que outra pessoa é "sensível" às necessidades dos outros. Essas duas pessoas são *sensíveis*, apesar de terem definições opostas. Muitos ensinamentos cristãos enquadram o Espírito Santo na primeira definição. O resultado é que nos apavoramos com a ideia de "incomodá-Lo". Estou certo de que muita gente sente que magoou o Espírito Santo mais vezes do que é capaz de contar.

O espírito de Deus pertence à segunda definição de sensível. Ele é sensível às nossas necessidades. Ele sabe tudo a respeito de nós. Ele espera o momento perfeito antes de falar e, quando fala, o faz no tom perfeito e diz a coisa perfeita.

O Espírito Santo se concentra no seu coração. Seu coração é sensível porque Deus é sensível a *você*. Nunca se preocupe em magoar os sentimentos do Senhor. Não é fácil "provocar" o Espírito Santo a ficar irado ou triste. As emoções de Deus são estáveis porque Ele ama você, e o amor não se deixa provocar.

Deus também não se afeta com as nossas "ferramentas espirituais". Quando eu digo o nome da minha filha Landin, a essência dela enche o ar à minha volta. Esse nome tem um poder intrínseco por causa da relação que tenho com aquela menininha. Antes de Landin nascer, o nome dela não significava nada para mim. Era só mais um no meio de milhões. Mas depois que a conheci, esse nome encheu-se de significado e poder.

O nome de Jesus funciona mais ou menos da mesma maneira. Sua força depende da relação que ele tem com a pessoa que o profere. Apenas quando existe uma relação, a essência de Jesus pode atingir o ar quando o nome sai de seus lábios.

O mesmo vale para a fé. Essas coisas que usamos como ferramentas para chegar a Deus foram feitas para ser o aroma do relacionamento, não chaves para você obter o que deseja. Acredite se quiser, quando o seu nome é proferido por Deus, ele explode cheio de poder, dessa mesma maneira. Deus não usa coisas como seu trabalho, seus filhos e seu casamento como ferramentas para manipular você e melhorar seu desempenho. A fé vista através da lente do amor e do relacionamento é mais do que você jamais sonhou, é algo lindo e capaz de transformar sua vida. Você nunca mais vai pensar igual. E você nunca mais vai achar que Deus pode ser provocado por seus pecados ou ações.

Capítulo 11

Nossa lista de erros

Um dia eu estava na minha sala aconselhando um casal que passava por uma crise. Eles estavam claramente comovidos com as minhas palavras. Enquanto eu ia descrevendo com brilhantismo a essência do casamento e a beleza de se tornar "um", dava para ver que eu estava conseguindo tocar seus corações e que a relação deles ia melhorar dali em diante. Mal sabia eu que, no meu próprio lar, uma tempestade estava se formando.

Justamente quando eu estava fazendo um discurso cheio de emoção a respeito de "como penetrar no coração do seu cônjuge", meu celular tocou. Pedi desculpa pela distração, pois eu havia esquecido de colocá-lo no modo silencioso. Os dois foram compreensivos e me disseram que atendesse. Era a minha mulher.

As primeiras palavras que saíram de sua boca foram:

– Eu quero me separar.

– Como assim?

– Andei pensando muito no assunto e descobri que não estou feliz. Quero me separar.

Com aquele casal sentado a um metro de distância de mim, fiquei com a expressão mais impassível que fui capaz de estampar no rosto. Como conheço muito bem minha mulher e sabia que uma atitude como aquela não era típica dela, percebi de imediato que havia alguma coisa errada. Então me fiz de desentendido e respondi "Ah, tudo bem, eu ligo para você mais tarde" e desliguei o telefone. Dei prosseguimento à sessão de aconselhamento (com um pouco menos de entusiasmo do que antes) e me despedi do casal.

Quando cheguei em casa naquela noite, minha mulher estava dando risada sozinha, porque ela sabia o que tinha acontecido. Ela pediu desculpas várias vezes e explicou que, como nossas duas primeiras filhas nasceram uma logo depois da outra, era a primeira vez que ela ficava menstruada em três anos, e aquilo se abateu sobre ela como um furacão emocional. Compreendi a situação e nós dois demos boas risadas juntos, depois deixamos o assunto de lado.

Este foi um incidente do nosso casamento que eu poderia ter guardado para usar contra minha esposa em outro momento. Eu poderia trazê-lo à tona sempre que ela me irritava ou me deixasse inseguro. Poderia ter usado a questão para confrontá-la, tentando obter alguma vantagem. Pior ainda, eu poderia até ter feito a mesma coisa. Antes daquela vez, o divórcio nunca havia sido mencionado. Mas como a porta foi aberta, eu tinha todo o direito de ameaçá-la com isso no meio de uma discussão.

No entanto, decidi que nunca usaria esse erro contra ela. Eu conhecia o destino que nos esperava pela frente se eu não fizesse isso. O nosso relacionamento poderia ter começado uma contagem regressiva para o divórcio. Estava nas minhas mãos e, com a graça de Deus, fiz a coisa certa.

Resolvi deixar o incidente de lado por algumas razões. Em primeiro lugar, eu sabia que ela não tinha falado sério. Aquilo tinha acontecido no meio de uma crise emocional e não era a expressão de seu coração. Eu sabia disso! Eu sabia porque a conheço. Em segundo lugar, eu a amava tanto que não conseguia nem pensar na possibilidade de ela viver com o arrependimento de ter estragado nosso relacionamento por causa de uma coisa boba. Finalmente, eu tinha consciência de que, se usasse o incidente para ameaçá-la, ela iria repeti-lo todas as vezes que se sentisse mais emotiva. Era imperativo que eu matasse com rapidez a possibilidade de condenação, ou aquilo poderia arruinar o nosso casamento.

Sempre que fazemos uma anotação de algo errado que alguém fez, aprisionamos a pessoa em um mundo no qual ela estará condenada a cometer o mesmo erro repetidamente. Esta é a principal razão por que a maioria das pessoas persiste em sua rotina esmagadora de pecado. Elas nunca conseguem se livrar do passado. A única maneira de libertar alguém é esquecer os erros e começar do zero.

A condenação é destruidora para os corações humanos porque paralisa. Quando alguém se sente condenado, é porque acredita que existe, em algum lugar, uma lista de tudo o que fez de errado. O poder do pecado sobre nós é essa sensação de condenação. Esse modo de pensar já torturou tantos cristãos que é difícil saber o alcance dos efeitos dele sobre a nossa fé. Mas certamente a condenação é o motivo pelo qual a fé hoje é vista mais como uma ponte que nos leva ao céu do que como algo que nos leva a uma intimidade com Deus.

Anos atrás, quando ainda eram bem pequenas, uma das nossas filhas ficou doente. O médico pediu que anotássemos quantas fraldas ela sujava por dia. Seguimos religiosamente a orientação: cada vez que o intestino dela funcionava, fazíamos uma marca em um bloco de notas, com o horário exato. Depois de uns três dias dessa documentação precisa, cheguei em casa uma noite e perguntei: "Cadê a nossa maquininha de fazer cocô?" Eu estava definindo a minha garotinha pelas anotações que estávamos fazendo sobre ela.

É claro que eu estava brincando, mas o conceito de diminuir as relações às anotações que fazemos sobre as pessoas é igualmente válido. Quando converso com pessoas divorciadas, escuto diversos títulos atribuídos aos ex-parceiros, como "Ela era uma mentirosa", "Ela era uma chata", "Ele não tinha tempo para mim" ou "Ele era muito controlador". Ao fazer essas listas de erros da outra pessoa, começamos a defini-la pelos seus defeitos. O ex-amor de sua vida passa a ter um novo nome, e você esquece completamente que um dia já conversaram com tanta intimidade e viveram alegrias juntos.

Será que o mundo nos ensinou que o amor também faz uma lista com todos os nossos erros?

Muitos pais nem conseguem receber um elogio a respeito de um filho em público sem corrigir a pessoa que fez o elogio. Se em um restaurante alguém comenta como as crianças são comportadas, esses pais imediatamente esclarecem que os filhos estão "sendo bonzinhos" naquele dia, mas que na verdade são uns pirralhos insuportáveis que não param de brigar. A intenção é fazer graça, mas o que será que as próprias crianças escutam? Elas percebem o que está escrito nas listas sobre elas, então vão se comportar de acordo com o nome pelo qual os pais as chamam.

A maior evidência de que as pessoas acreditam que Deus faz listas de seus erros é possivelmente o fato pelo qual elas mesmas se rotulam com base em seus erros. Se de fato acreditássemos que o nosso Criador não faz essas listas, será que nós as faríamos?

Isso se transforma em um hábito que impede a nossa liberdade. Esquecer erros pessoais parece irresponsável e até mesmo fraudulento. Antes de se darem conta, as pessoas começam a se chamar por nomes que têm relação com os pecados que cometeram. Elas fazem isso porque acreditam que, perante os olhos de Deus, é o que merecem. Esse processo as leva a acreditar que, quando estão amaldiçoando a si mesmas dessa forma, na verdade é a voz de Deus que está falando ao coração delas. Imaginam que estão praticando a humildade ao serem tão honestas consigo mesmas.

Esse pensamento está completamente errado, e o resultado disso é que as pessoas passam a se concentrar no pecado. Sua relação com Deus começa a girar em torno de todos os erros que cometeram. Até mesmo suas orações ficam saturadas de pedidos de desculpas e promessas de mudança. Elas perdem tanto tempo tentando não fazer certas coisas que se esquecem do que significa crer em Deus.

Como já afirmei, muitos cristãos acreditam que Deus faz listas dos seus erros porque eles mesmos fazem essas listas, e não só dos seus próprios erros, mas dos erros das outras pessoas também. Eles se conformaram com a imagem que fizeram de Deus, que, em muitos casos, acaba sendo exatamente o oposto do que Ele é. Deus passa a ser visto como acusador.

O negócio de Deus é restaurar as pessoas, não rotulá-las. Mas nos agarramos tão cegamente a essa crença de que Ele nos condena que acreditamos que nunca seremos perdoados pelos pecados que cometemos. Talvez este seja o medo mais frequente que as pessoas me relatam. Isso é usado como ferramenta de manipulação contra milhões de pessoas ao redor do mundo. Eu também pensava assim nos primeiros anos da minha vida cristã, e só quando compreendi o que era o amor fui libertado dessa idéia ridícula. Quando tive meus filhos e descobri a verdadeira essência do amor, entendi que nada é imperdoável quando se trata dos próprios filhos. Nada.

Deus não contabiliza nossos erros

Uma moça que estava casada há cerca de dois anos me ligou em busca de aconselhamento. O marido dela tinha um péssimo temperamento, e parecia estar ficando pior cada vez que ele tinha um ataque de raiva. Ela contou que na noite anterior eles tiveram uma discussão feia e as agressões foram além das palavras. Até então, ele nunca tinha chegado ao ponto de bater na mulher. Quando tudo terminou, os dois estavam com o coração despedaçado. Ficou claro para ambos que precisavam de ajuda.

Quando me sentei para falar com o rapaz, ele começou a relatar, entre lágrimas, todas as suas falhas. "Eu sinto que fiz tantas coisas erradas que demoraria anos para me redimir e ter coragem de pedir de volta o coração dela." Sua vida estava tão confusa que ele simplesmente não sabia por onde começar para consertar as coisas.

Por onde começar? É assim que muita gente se sente em seus relacionamentos, até mesmo em seu relacionamento com Deus. Elas não são capazes de fazer a coisa certa até que todas as erradas sejam limpas. E como não sabemos por onde começar, simplesmente fazemos o que podemos para segurar as pontas mais um dia, até que acabamos cometendo o mesmo erro e ficando ainda mais enrolados do que antes.

A esposa desse homem tomou a decisão de "limpar" seu casamento. Ela fez isso ao destruir todas as anotações relativas ao comportamento do marido. Ela nunca mais mencionou o passado dele e, em vez disso, passou todo o tempo elogiando-o pelas coisas boas que ele fazia, e não o lembrando de seus erros. Quando ele pôde recomeçar do zero, compreendeu que a esposa o acolhia. Ele começou a sentir que seria capaz de efetuar as mudanças que precisava fazer, e foi exatamente isso que aconteceu. Ele foi incentivado a mudar por uma esposa que não guardou listas de seus erros.

Deus não guarda uma lista de anotações dos seus pecados pelo mesmo motivo que a mulher não guardou anotações do que o marido fez. Ele não quer que você viva com vergonha e arrependimento, porque sabe que a vergonha é mortal para o espírito. Ele quer que você deixe seus erros para trás. A única munição que Deus tem contra os seus pecados é perdão. Combinado ao seu arrependimento, é a única arma que funciona!

Se Deus o rotulasse pelos seus erros, você ficaria preso em um ciclo de repetição. Essa é a principal razão por que as pessoas ficam repetindo os mesmos erros vez após outra. Elas acreditam que Deus nunca vai se esquecer dos seus pecados. Na verdade, Deus é especialista em destruir arquivos. Tudo que Ele toca se renova. Não existe "pecado imperdoável" quando se trata de um filho do Senhor.

Você é precioso para o seu Pai, e, quando Ele olha para você, só vê a imagem de Sua criação perfeita. Ele não quer que nada que não seja santo nem atraente apareça nessa imagem. Imagine anotar num pedaço de papel um pecado que seu filho cometeu contra você e ficar segurando-o em cima da cabeça dele. Isso seria rotular seu próprio filho. Quando amamos, essa é a última coisa que desejamos fazer. Com Deus é a mesma coisa. Ele é como um Pai cheio de amor que sempre limpa o seu rosto e arruma o seu cabelo antes de uma foto de família. Ele deseja que você esteja sempre em sua melhor forma, independentemente de onde esteve ou do que fez.

Deus também não define seu futuro com base no seu passado. Como Ele não tem uma lista com os seus erros do passado, seu futuro é livre e limpo. O desejo do Criador é que você se liberte. Ele não quer que você conte para todo mundo como costumava ser mau. Ele se desapegou de todas as coisas erradas que você fez, jogando-as no mar do esquecimento. Deus nunca se refere a você como um "pecador, salvo pela graça", como tantos cristãos proclamam com orgulho. Esta, mais uma vez, é uma mentalidade nascida da crença de que Ele guarda listas de erros passados. Ele o vê como perfeito para sempre!

Deus não se impressiona nem está mais predisposto a abençoá-lo porque você desenvolveu sua espiritualidade. Ele tem orgulho de você porque você é o *Seu filho* amado. Ele o ama porque você é o Seu filho. O coração do Senhor é seu por causa disso, e não porque você segue bem as regras e não peca tanto quanto antes.

Deus não nos abençoa por sermos bons filhos. *Deus nos abençoa porque Deus abençoa.* Quando você receber uma bênção, apenas a aceite. Deus também não guarda listas daquilo que você faz certo. Ele não precisa de uma razão para amá-lo e abençoá-lo. Sua graça se estende a você para sempre, independentemente de qualquer coisa.

Esta é a verdade do coração de Deus. E quando mais conhecemos a fonte do amor, melhores e mais livres seremos.

Capítulo 12

Deus, o terrível

Eu estava relaxado, deitado na minha cama no meio da escuridão, escutando apenas o som de uma brisa leve que soprava na árvore na frente da janela do meu quarto. A minha mente estava relaxada e, em instantes, eu iria entrar em um sono profundo. De repente, a porta do quarto se abriu com um chute seguido de um estrondo. Fiquei momentaneamente cego com a luz da lanterna que colocaram na minha cara. À medida que meus olhos iam retomando o foco, vi um homem de preto prestes a me atacar com uma faca de cozinha de 30 centímetros. Gritei de pavor enquanto a adrenalina tomava conta do meu corpo. Eu não podia fazer nada. Não havia tempo de reagir. O medo foi mais forte do que qualquer outra coisa que eu já havia experimentado. Quando meu irmão acendeu a luz do quarto, ficamos lá, juntos, dando risadas histéricas.

– Certo, agora é minha vez – disse Brian, me entregando a faca e a lanterna. – Não se esqueça de esperar bastante antes de entrar.

– Relaxe bem e tente pegar no sono – disse eu ao apagar a luz e fechar a porta atrás de mim.

Depois de cerca de 15 minutos de silêncio, eu iria chutar a porta e repetir a cena de assassinato. Uma vez atrás da outra, nós nos revezávamos no papel da vítima indefesa, e cada vez achávamos que tinha sido mais emocionante e divertida do que a anterior.

Fazer o papel do assassino não era o que nos deixava tão excitados. Era a onda de medo que acometia a vítima. Era essa a sensação que buscávamos.

Eu e meu irmão inventamos essa brincadeira há quase 20 anos, quando morávamos juntos em Hollywood. Éramos dois rapazes solteiros, entediados até não poder mais e em busca de algo para passar o tempo. Depois percebemos que estávamos flertando com o medo, a maior arma do inferno contra as pessoas. E o estávamos usando para obter um surto de adrenalina barato. A coisa mais surpreendente foi sentir a força e a emoção que o medo causava quando era provocado em ambiente controlado. Nós conseguíamos transferir uma coisa verdadeiramente horrível para um mundo que não lhe pertencia. Acredito que é exatamente isso que fizemos com o amor.

Nós nos transformamos em pessoas que se deliciam com a maldade. A maioria das pessoas nunca teve um relacionamento em que esse componente não estivesse presente de alguma forma. Aliás, a maldade é o ingrediente principal em muitas relações. No decorrer da minha vida, centenas de mulheres descreveram para mim o magnetismo inexplicável que sentiam por *bad boys*, homens rebeldes e raivosos que tinham fechado seu coração ao amor. Elas pediam a Deus que lhes revelasse o homem perfeito, mas elas não se sentiam atraídas por sujeitos assim.

Hoje somos capazes de chamar o sexo entre duas pessoas que nem se conhecem de "fazer amor". O amor não chama a maldade de amor. Como o mundo nem sabe mais o que é amor, é fácil confundir os dois.

Se um casal ainda sente atração um pelo outro depois de vários anos de relacionamento, consideramos que sua vida sexual é saudável. Mas, na verdade, o amor e o desejo são opostos. O amor *dá*; o desejo *tira*. O amor vem do coração. O desejo vem da carne. Muitas pessoas não sabem a diferença entre os dois porque a mecânica parece ser a mesma. A diferença, no entanto, está a mundos de distância. Um casal que tem desejo acaba perdendo o interesse de um pelo outro. Um casal que ama nunca perde o interesse. Pessoas cheias de desejo pensam em se satisfazer. Casais amorosos estão ali para servir um ao outro.

Até que sejamos capazes de separar corretamente a maldade do amor, sempre vamos unir os dois. Enquanto os limites se confundirem, nossa percepção sobre o coração de Deus vai seguir a mesma linha. Quando me apaixonei pelas pessoas, comecei a ver que além de aceitarmos a maldade, nós também nos regozijamos com sua presença. A religião se delicia em fazer com que Deus pareça maldoso. Muita gente espera que a tragédia se abata sobre algum "desviado" ou descrente, para que a pessoa se dê conta de que precisa de Deus. Isso não soa estranho? Quem roga dessa maneira deve acreditar que Deus tem o coração do demônio. É uma bobagem, é uma representação errônea de Deus.

Quando alguém nos deixa irritados e desejamos que a pessoa pague por isso, imaginamos que Deus as fará pagar. Eu já vi gente se emocionar quando pensa que Deus se vingou de alguém em seu nome. Nós O transformamos em um cão raivoso que ataca qualquer pessoa que olha torto para nós. Não se engane: essa maldade nada tem a ver com amor.

Dessa mentalidade derivam muitos outros ensinamentos terríveis, alguns sugerindo que Deus vai fazer algo horrendo acontecer conosco para nos "chamar a atenção". Quando uma coisa ruim nos acontece, olhamos para o céu e perguntamos: "Por que, meu Deus?" Acreditamos que ele causa calamidades em nossa vida porque nos ensinaram que o amor se delicia com a maldade. Fomos submetidos a uma religião que usa o medo para fazer as pessoas se converterem.

Uma das táticas de medo mais comuns tem a ver com a salvação dos cristãos. Muitas pessoas acreditam que vão ser "deixadas para trás" se não estiverem prontas quando Jesus voltar. Essa ameaça fica pairando sobre a cabeça delas, com insinuações de que o nosso Pai pode nos abandonar se não estivermos a postos. Essa é uma das ferramentas mais malignas que o nosso sistema religioso promove. Os cristãos que temem a volta de Jesus ouviram mentiras de uma igreja negligente.

Deus não se deleita com o mal

Deus não gosta das táticas de medo. Quando usamos o medo para converter as pessoas ou para fazer com que elas sigam as regras, estamos compactuando com o mal. *Todo medo é mau.* Deus não se compraz em usar a maldade para manipular Seus filhos e conduzi-los à salvação ou ao arrependimento.

A bondade de Deus faz com que as pessoas se arrependam. Ele nunca vai intimidar alguém a fim de satisfazer o Seu próprio desejo. Ele não usa o mal para lutar contra a maldade, e certamente não se alegra com orações que Lhe peçam que faça mal a outra pessoa. Existe no amor um poder que é capaz de amolecer o coração mais duro e trazer os mortos de volta à vida. A razão por que recorremos às táticas do medo é por não acreditarmos que o amor é suficiente. Nunca nos deparamos com o amor autêntico. Somos ignorantes em relação a seu poder. Vemos o amor como uma das várias ferramentas da religião. E, no entanto, na *relação*, o amor é *tudo*.

Ameaças de inferno não foram feitas para atrair as pessoas a Deus. A Bíblia diz que é o Espírito Santo que nos atrai a Deus.

Ameaças de inferno trazem medo e condenação. Apenas uma pessoa sem amor seria capaz de pensar em uma coisa assim. Se alguém dissesse para nossos filhos que vamos abandoná-los se eles não nos derem atenção, certamente ficaríamos irados com tamanho absurdo. No entanto, isso é prática comum em muitos círculos cristãos.

Deus não fica nem um pouco alegre quando as pessoas acreditam que Ele pode levar um de seus filhos ou destruir seus negócios se elas não Lhe entregarem a vida. Embora isso talvez faz com que elas mudem de comportamento, também faz com que se afastem do coração de Deus. Ele não nos criou para poder nos salvar do inferno, e sim para nos relacionarmos uns com os outros e com Ele. Usar o medo como instrumento de manipulação torna isso impossível.

O fim *não* justifica os meios. É verdade que a mão de Deus está presente nas tragédias da vida; mas, ao contrário do que se prega atualmente, Ele não é o causador dessas tragédias. Sua promessa é que, no meio das dificuldades, Ele vai estar ali para trazer conforto e cura. Mesmo quando essas dificuldades são causadas pelas nossas próprias ações! Deus não tem o objetivo de fazer com que as pessoas tenham o que merecem – o propósito Dele é nos salvar daquilo que merecemos.

Se um viciado em drogas invade a sua casa, rouba sua televisão para vender e usar o dinheiro a fim de comprar drogas e foge, Deus exerce a sua "vingança" fazendo com que o homem se livre do vício e libertando-o para que viva o resto da vida com o conhecimento do amor. A vingança de Deus *nunca* recai sobre as pessoas; ela recai sempre sobre o demônio. Deus não se vinga das pessoas; Ele se delicia com o perdão. Quando perdoamos alguém, libertamos a pessoa para receber o toque de Deus que vai livrá-la do inferno.

O que você era no passado não importa para Deus. Ele deseja aquilo que é verdadeiro, santo, puro e amável. Ele prefere que você fale sinceramente a respeito da relação que tem com Ele *agora,* em vez de discorrer sobre quem era antes de conhecê-Lo. Infelizmente, milhares de pessoas não querem se envolver com Deus porque temem Sua ira ou porque acreditam em coisas falsas a Seu respeito.

E se, antes de casar com a minha mulher, eu tivesse mandado um amigo dizer a ela que, se não casasse comigo, eu ficaria "muito decepcionado" e tentaria destruir a vida dela? Talvez ela concordasse em se casar comigo por medo, mas nunca iria me entregar seu coração. Que tipo de casamento seria esse? Deus quer que as pessoas O amem pelo que Ele é, não para fugirem do inferno. Ele nunca vai ameaçar nossa família ou nossa saúde para nos coagir a começar um relacionamento verdadeiro. Quando conquistamos as pessoas com a força do medo, fazemos com que elas se transformem em "filhas do inferno", não em filhas de Deus. O emprego do medo só comprova que não experimentamos a bondade que é maior do que nossa crença na maldade do inferno.

A única maneira de compreender o coração de Deus é amar as pessoas. Quando dou um presente às minhas filhas, não peço a Deus que me abençoe porque dei algo a elas. Quando presenteio minha esposa com um vestido novo, não digo que estou lhe dando aquilo com a intenção de que ela seja boazinha e faça o que eu pedir. Isso partiria o coração dela. Ela quer saber que eu lhe dei um presente apenas porque a amo.

Quando não amamos, sempre retornamos à mentalidade de "O que eu ganho com isso?". A aliança com Deus deve ser compreendida através dos olhos do amor. Deus nunca dá com o propósito de receber. Ele dá porque Ele é amor, e o amor dá.

Ao contrário do que pregam muitos ensinamentos famosos, Deus não saqueia as pessoas nem rouba os desviados. Ele os abençoa. Quanto contamos histórias que parecem mostrar Deus fazendo o mal, estamos representando a verdade sobre Ele de maneira errônea. Ele jamais faria uma coisa dessas. Ele ama o ateu tanto quanto ama os cristãos. Ele enviou Seu próprio filho para morrer em nome do mundo inteiro. Cristo *morreu* pelos pecadores, não os saqueou. O coração de Deus é assim. Ele nunca vai abandonar Seus próprios filhos.

Certa vez, eu estava no parque com as minhas filhas, observando-as brincar. Quando chegou a hora de ir embora, chamei o nome delas e abanei os braços. Minha filha mais velha continuou no balanço. Depois de chamá-la várias vezes, comecei a caminhar na direção do carro, dizendo "A gente se vê mais tarde, Landin! Estamos indo!". Nunca vou me esquecer do grito de horror que ela soltou ao pular do balanço e correr na minha direção. Quantos pais já fizeram isso? Mas foi bem nesse momento que o Senhor me lembrou de todas as vezes que as pessoas me fizeram acreditar que o meu Pai do céu faria isso se eu não me comportasse como Ele queria. Depois daquele dia, nunca mais fiz isso com nenhum dos meus filhos.

Todas as referências do Novo Testamento ao retorno de Jesus serviram para incentivar os cristãos a olhar para o futuro. Elas nunca foram usadas para aterrorizar as pessoas com o arrependimento. Mas agora fazemos isso. Se você fosse Deus, iria querer ver Seus filhos apavorados com a sua chegada? Até que compreendamos quem Deus é, é isso que estamos fazendo com Ele.

Imagine ser uma criança e não ter nenhum amigo na escola. Todos os alunos fazem piada com a sua cara e até os professores o humilham diante da classe. Então, no meio de tudo, você se lembra: "Meu pai vem me buscar hoje, e ele vai fazer tudo melhorar." É assim que Deus espera que nos sintamos em relação a Ele.

Se você algum dia abriu seu coração a Deus, está seguro. Nada do que faça vai torná-lo mais preparado para a volta do Senhor. Ele não vai deixá-lo para trás. Não permita que ninguém diga algo diferente. O propósito do Arrebatamento não é o de ser usado contra você, e sim de incentivá-lo.

Você é capaz de imaginar alguém indo até a escola do seu filho e anunciando para as crianças que os pais podem abandoná-las se elas saírem da linha? Como você se sentiria? Como acha que Deus se sente quando alguém faz isso com os Seus filhos? Só quem não tem amor no coração é capaz de fazer uma coisa dessas. Quando se ama, algo tão horrendo é inconcebível. No entanto essa ameaça é feita todos os dias em muitos círculos cristãos, plantando a insegurança no coração das pessoas.

A natureza do amor é se expandir. Viver junto sem uma promessa de segurança exige limites ao coração. Como o amor vem de lá, as relações inseguras acabam impedindo que o coração cresça, até que elas morrem. Da mesma maneira que um peixe cresce de acordo com o tamanho do aquário em que está, se você não acreditar que sua relação com Deus é segura, ela não pode crescer. Sem uma aliança inquebrável, você só "mora junto" com Deus, e a sua satisfação espiritual será tolhida.

Segurança é de graça, as relações só precisam de espaço aberto para crescer. Você tem isso em Deus. Não permita que ninguém lhe diga outra coisa. A sua relação com Deus e a sua segurança com Ele nunca podem ser tiradas de você. No momento em que perde de vista a sua segurança, você deixa de crescer espiritualmente. Deus chama isso de *promessa*, e você pode acreditar nela.

O ponto de partida das relações verdadeiras é a certeza de que não seremos abandonados. Nossa experiência de amor nunca vai ser tirada de nós por nenhuma razão. Esta é a base do nosso relacionamento com Deus e, portanto, a base da fé. Infelizmente, milhões de cristãos não cruzaram essa linha de partida porque foram convencidos de que podem perder o amor e a aceitação de Deus.

Você deve acreditar no amor incondicional se quiser ter um relacionamento verdadeiro com Deus. Que segurança existe se não for total e absoluta? Nós nos preocupamos em manter nossos filhos em segurança sem pensar – por que Deus não faria a mesma coisa com Seus filhos?

O amor é o autor das alianças eternas. Quando amamos alguém de verdade, de maneira incondicional e de todo o coração, vemos coisas nessas pessoas que elas próprias não conseguem enxergar. O próximo capítulo apresenta algo que o amor é capaz de nos mostrar.

Capítulo 13

Deus nos condena?

Um ano antes de se falarem pela primeira vez, ela já era apaixonada por ele. A primeira conversa não foi nada além de um simples oi, mas para ela o momento ficou congelado no tempo. *Finalmente ele sabe que eu existo*, ela pensou. Agora que a porta estava aberta, ela procurou ficar na companhia dele com a maior frequência possível. Se um grupo de pessoas fosse jantar depois do culto e se ele estivesse presente, ela com certeza estaria lá. Não fazia diferença se eles se sentavam juntos ou não; só o fato de estar no mesmo recinto que ele já era um deleite. Eles podiam trocar um ou dois olhares e, se ela tivesse sorte, ele podia se despedir dela no fim da noite.

Após vários meses, ele a cumprimentou pelo nome. *Por que ele perderia tempo memorizando o meu nome se não estivesse interessado em mim?*, ela pensou. Ele nunca tinha lhe perguntado qual era o nome dela. Será que ele investigou e descobriu por meio de um amigo em comum? *Isso tem que significar alguma coisa.*

Certa vez, durante um retiro da igreja, ele perguntou a respeito de uma situação do trabalho dela que havia mencionado quase seis meses antes. *Ele estava prestando atenção!* Era óbvio que estava interessado nela. A mulher se lembrava de cada ocasião em que ele rira de uma piada sua, tocara no seu ombro ou fora atencioso com ela.

A qualquer momento ele a convidaria para sair. Mesmo que não convidasse, eles já estavam "meio que namorando". Ela falava sobre ele até suas amigas se cansarem. Mas ela sabia que eles iam ficar juntos. Era só uma questão de tempo. Se elas o conhecessem como ela o conhecia, iriam entender. Até a melhor amiga dela estava começando a se distanciar e a enxergar os sinais.

A irmã dela insistiu muito para que essa mulher fosse conversar comigo. Ela concordou, embora com relutância. Já nos primeiros segundos o nome dele saiu dos lábios dela. Seus olhos brilhavam enquanto ela relatava os momentos maravilhosos que eles passaram juntos. Achei estranho, pois eu conhecia o rapaz e não sabia que eles estavam namorando. Quando perguntei quanto tempo fazia que aquilo estava acontecendo, ela me explicou cada detalhe da história. Logo ficou claro para mim que a relação só existia na cabeça dela.

– Ele gosta de você? – perguntei.

– Ah, gosta, é óbvio – ela respondeu. – Eu não acredito que você não está sabendo!

Optei por uma abordagem mais direta.

– Ele disse que gosta de você?

– Bom, não com essas palavras. Mas eu tenho certeza de que ele gosta.

– Ele disse para mais alguém que ele gosta de você?

– Na verdade, ele não fala muito sobre os sentimentos – ela respondeu, começando a parecer um pouco nervosa. – Mas se você perguntar para a minha melhor amiga, ela pode responder.

Eu estendi a mão por cima da mesa, peguei o telefone e disse:

– Melhor ainda, vou ligar para ele e perguntar pessoalmente.

– *Não!* – ela soltou um berro estridente. – Deixa para lá. Esqueça que eu disse qualquer coisa.

Sugeri perguntar de um jeito que ele nunca soubesse que ela

estava por trás. Não. Prometi sigilo absoluto, dei a ideia de telefonarmos para um amigo dele que certamente saberia a verdade. Mas ela recusou cada sugestão com veemência. Ela não queria a verdade. Preferia continuar vivendo uma fantasia.

Meu coração ficou despedaçado por causa da coitada daquela mulher, porque eu sabia que seu mundo estava prestes a desabar em cima de sua cabeça. Ela tinha vivido em um mundo de fantasia durante dois anos e, naquele dia, suas mentiras estavam sendo expostas. Viver uma mentira pode parecer mil vezes melhor do que encarar a verdade, principalmente quando se passou tanto tempo criando a ilusão. Aquele passa a ser um mundo misterioso e romântico em que tudo se encaixa perfeitamente. A moça saiu da minha sala e seguiu recriando a mesma fantasia ao longo dos quase dois anos seguintes, até que o sujeito se casou com outra pessoa.

Ironicamente, esse padrão de comportamento não é interrompido quando uma mulher como essa finalmente se casa. O marido pode proclamar seu amor por ela vez após outra, mas ela se retrai em um mundo emocional em que imagina que esse amor não é real. Cada movimento dele é interpretado como evidência de que ele está pensando em abandoná-la. O vício dela não é tanto na fantasia, como no caso anterior, mas sim em sua incapacidade de reconhecer a verdade. A verdade, para uma pessoa viciada em fantasia, é tediosa e simples. A normalidade é uma decepção.

A verdade autêntica representa uma ameaça terrível ao nosso mundo. A vida moderna está construída sobre uma fundação de mentiras. Nós compramos coisas com dinheiro que não temos, criamos "amizades" no Facebook com pessoas que nem conhecemos e esperamos ouvir mentiras cada vez que ligamos a televisão. A propaganda faz promessas que não podem ser cumpridas. Dizer às pessoas aquilo que elas desejam ouvir é a melhor forma de vender algo. Ficamos tão viciados na maneira como as mentiras nos fazem sentir que já nem queremos mais a verdade. Quando a mentira exata é oferecida, é uma euforia. Nós nos sentimos poderosos, iluminados, acalentados e até endeusados. Se é verdade ou não, não vem ao caso.

Não se engane: nós sabemos que as alegações são fantasiosas, mas simplesmente escolhemos ignorar o fato. A mulher que esteve na minha sala não estava cega por essas mentiras. Ela mesma as inventou. Ela conhecia a verdade, mas simplesmente se recusava a aceitá-la. Descobri que quase sempre conhecemos a realidade, mas fechamos o coração para ela, porque não pode ser comparada à fantasia. Quando isso se transpõe para as nossas ideias a respeito de Deus e de amor, transforma-se em um enorme problema.

Depois de tantos anos fazendo aconselhamento, descobri que toda relação que termina com um rompimento tem uma coisa em comum: a razão para o fim do romance é algo que estava evidente desde o começo, mas que foi ignorado de maneira consciente. Nós nunca nos surpreendemos quando nosso castelo de mentiras desaba. Apesar de termos vivido plenamente as mentiras, sempre soubemos qual era a verdade.

Romance significa "apego, fascinação ou entusiasmo forte, quase sempre de curta duração, por alguma coisa"; "um hábito sonhador e imaginativo da mente; uma disposição de ignorar aquilo que é real"; "não baseado em fatos"; "imaginário"; "fictício"; "excêntrico"; "maravilhoso"; "extravagante"; "irreal".

Diante dessas definições, não é de se espantar que aquilo que consideramos como o coração do amor seja uma mentira deslavada. Fomos ensinados a ansiar pela inverdade já na concepção dos relacionamentos. Isso é catastrófico.

O romance se transformou em um jogo de fantasia e manipulação para gratificar a carne. Todos sabemos que o romance não é realidade, mas o desejamos porque ele alimenta o nosso corpo. Muitas vezes, uma relação inocente e divertida pode se transformar em vício na fantasia com muita facilidade.

Histórias de amor e livros de romance estão cheios de homens sedutores que encantam as mulheres. Parece não haver mal nenhum nisso, mas pense bem no significado escondido por trás dessas histórias. "Encantar" significa lançar um feitiço em alguém; seduzir; usar encantamentos mágicos; submeter, controlar ou convocar por meio de encantamento ou influência sobrenatural; afetar por meio da magia; dominar com algum poder secreto, ou por aquilo que dá prazer; apaziguar; acalentar.

Muitas mulheres são viciadas nessa forma de manipulação. Ela fornece um tipo de emoção que é difícil superar. E, como acontece com a maior parte dos vícios, acarreta no final uma sequência de fracassos e corações partidos. Será que devíamos nos surpreender quando a destruição se segue à enganação?

Como aprendemos a romantizar o amor, acabamos romantizando Deus. As igrejas atuais criam modismos e os disseminam para vender às pessoas a imagem do Senhor. Algumas promessas que escutei a respeito da vida cristã são mentiras deslavadas.

Cura instantânea de doenças, vida sem dificuldades e prosperidade financeira são apenas algumas das coisas encantadoras que vi sendo apresentadas a pessoas desesperadas. Essa é uma espiritualidade falsa e superficial, criada com o intuito de seduzir a natureza carnal. Quando prometemos às pessoas que seus problemas vão desaparecer no momento em que elas convidarem Jesus para entrar em seu coração, estamos preparando um cenário de desilusão. Mas descobri que os cristãos podem reconhecer que se sentiram atraídos por uma religião que não cumpriu suas promessas e, no entanto, ainda assim se sentirem compelidos a fingir, para que ninguém saiba que a religião não está funcionando para eles do jeito que supostamente está funcionando para os outros.

Quando convidamos os vizinhos para jantar em nossa casa com a intenção de convencê-los a frequentar a igreja, não é um ato de amor. Muitos cristãos são incentivados a agir de maneira ardilosa para arrebanhar mais fiéis. Essa atitude ignora o amor e se vale da esperteza e da manipulação.

Com a percepção distorcida que temos a respeito do amor, é compreensível que também tenhamos uma visão errada sobre o coração de Deus. Será que Ele se alegra com a verdade? Passamos a maior parte da vida escutando mentiras disseminadas por líderes espirituais que alegam ter mais intimidade com Ele do que jamais poderíamos sonhar.

Mas aqui está a verdade. Você está pronto? Pessoas superespirituailizadas nunca vão encontrar Deus no caminho que decidiram trilhar. Essas pessoas abandonaram a realidade em nome de algo mais "profundo", acreditando que encontrar Deus significa rejeitar seu caráter humano e adotar a ideia da iluminação espiritual mística. Elas não conseguem enxergar a verdade de Deus porque a fundação de suas crenças se baseia em mentiras.

Infelizmente, é raro ver uma pessoa viciada em espiritualidade se recuperar e encontrar contentamento na verdade. Quase sempre, quando essas pessoas se confrontam com a realidade de Cristo e de como a espiritualidade de fato funciona, ficam decepcionadas. Sua experiência com Deus geralmente se baseia em uma fantasia e, por causa de seu compromisso com uma fé cheia de adornos, ficam cegas para a simplicidade do coração de Deus.

Os fariseus eram assim em seu tempo. Eram especialistas nas revelações de Deus e, no entanto, quando Ele chegou e se postou bem na sua frente, eles não O reconheceram. Em vez de se deleitar com a verdade (Jesus), eles a desprezaram. Eles não foram capazes de enxergar algo que era menos do que suas fantasias exageradas a respeito de Deus. Claro que Ele tinha que ser mais do que um simples carpinteiro! Jesus Cristo foi uma decepção total para os líderes religiosos de seu tempo. E pouca coisa mudou de lá para cá.

Hoje descrevemos o Messias com a mesma terminologia elevada que os fariseus em sua época. Será que não rejeitamos o carpinteiro humilde exatamente como fizeram os primeiros a encontrá-lo? A religião não se alegra com a verdade a respeito de Cristo; ela a esconde. Nós adornamos e acentuamos a verdade o máximo possível para vendê-Lo ao mundo. Mas Ele não é a fantasia elevada e extravagante que criamos. Ele é muito mais do que isso.

Queremos acreditar que Deus se alegra com a verdade, mas, estranhamente, quando eu pergunto a qualquer pessoa se Deus se alegra com a verdade a respeito dela mesma, a resposta é quase sempre uma careta. Fomos levados a acreditar que somos ruins. Fomos incentivados a abandonar nosso coração em nome do coração do Senhor, porque no nosso não existe nada de bom. Isto é uma castração espiritual, incentivada no momento em que alguém se converte à religião. Somos bombardeados com passagens bíblicas que descrevem que "o coração engana". Uma vez que aceitamos essa besteira, começamos a agir como um cachorro castrado: nos tornamos dóceis, obedientes e menos propensos a pensar por conta própria e questionar o que encontramos nesse tipo de igreja. Infelizmente, aceitamos isso de bom grado porque somos informados de que Deus não se alegra com a verdade sobre quem nós somos.

Deus se alegra com a verdade

Deus se alegra com a verdade porque isso realmente é algo com que se alegrar. Você acha que sabe a verdade a respeito de si mesmo? Aquilo que a maioria das pessoas acredita ser a verdade, não é. A religião nos ensinou a confundir os fatos da nossa vida com quem nós somos. Você não é o seu pecado. Aos olhos de Deus, os dois são tão distantes "como o Oriente está longe do Ocidente" (Salmos 103:12). Sua essência nada tem a ver com o que você fez ou com os lugares onde esteve. Os olhos de Deus estão fixados na verdade, e Ele se alegra com isso porque é bonito.

Deus pegou o seu coração de carne e lhe deu um novo coração de amor. Ele transformou você em uma nova criação. Você pode confiar no seu coração. A vida ao lado de Deus deve ser vivida por meio dele. Qual o sentido de rejeitar seu coração se você convida Jesus a morar nele? O seu Pai se alegra com o seu coração e se entristece quando você fala como se ele fosse enganoso e feio. O seu coração é o lugar que Deus escolheu para morar, e agora o seu coração está conectado com o do Senhor para todo o sempre.

Certa vez recebi um telefonema de um pastor que lutava contra o vício em pornografia. Ele me disse que se sentia "aterrorizado" com a possibilidade de alguém descobrir a "verdade" a respeito de quem ele realmente era. Perguntei como ele se sentia depois de se entregar a um surto, pedindo que fizesse uma descrição completa do que acontecia em seu coração nas horas que se seguiam ao deslize.

Ele começou a descrever os níveis de angústia e nojo que tomavam conta de seu espírito e me falou de como se sentia sujo por causa do que tinha feito. O homem se desesperava ao ver em que tipo de pessoa estava se transformando.

Enquanto ele compartilhava seus sentimentos, eu o interrompi com uma afirmação simples. Eu disse que quando Deus olha para ele, enxerga seu coração e se alegra com o que vê. O fato de esse homem precioso se sentir da maneira que se sentia em relação a seus pecados era evidência de que ele tinha Deus no coração. A verdade desse pastor não era aquilo contra o qual ele lutava; a verdade dele era seu coração. Essa é a verdade que Deus vê.

As amarras que prendiam esse homem não eram a pornografia; eram os nomes de que ele começou a chamar a si mesmo por causa dela. Quando ele entendeu como Deus o enxergava, começou a se ver sob a mesma luz e, no momento em que fez isso, afastou-se do vício. É imperativo compreender que Deus se alegra com a sua essência. É isso que o livra dos pecados. É a verdade que nos liberta.

Deus não tem fronteiras de tempo nem de espaço. Ele conhece nosso futuro e também nosso presente. Quando Ele olha para nós, não fica "esperançoso" em relação ao que pode acontecer, mas em relação a quem nós somos no "futuro eterno", aquilo em que nós *vamos* nos tornar e que já somos para Ele fora do tempo. Esta é a verdade com que Deus se alegra, e este é o nome pelo qual Ele nos chama.

Deus viu o futuro de um homem chamado Abrão, e lhe deu o nome de Abraão. Deus disse que faria daquele homem sem filhos "o pai de muitas nações". Então Ele disse: "Está feito." Deus não afirmou que aquilo iria acontecer no futuro. Para Ele, era a verdade no presente, e Ele o chamou por aquele nome.

Deus abordou um homem que se escondia covardemente em uma caverna e o chamou de "guerreiro poderoso". A reação de Gideão foi a mesma que teríamos: ele corrigiu Deus, fazendo uma longa lista de coisas que pelas quais ele se definia, e nenhuma delas tinha a ver com ser um guerreiro. Mas Deus o interrompeu e lhe disse a verdade. Ele era um guerreiro poderoso, independentemente de já ter descoberto isso ou não. Era a verdade, a verdade com que Deus se alegra.

Quando Deus olha para você, Ele o chama por um nome que nada tem a ver com sua situação ou suas ideias atuais. Fique feliz com isso e pare de se definir pelos nomes mentirosos do seu presente. Existe uma verdade a seu respeito que é tão maravilhosa e atraente que Deus não consegue se conter quando olha para você. Ele vê aquilo e nada mais.

Deus fica contente de Se revelar para o mundo da maneira mais comum e mais fácil de ser compreendida. Ele se delicia com o fato de que todos são capazes de se conectar e se relacionar com Ele. Deus se alegra com os fatos puros sobre quem nós somos e com a simplicidade de quem Cristo é. O amor se alegra com a verdade, sem enfeites e sem complicação.

Deus também se alegra com a verdade a respeito da espiritualidade. Jesus certa vez olhou para o céu e disse: "Obrigado, Pai, por manter isso escondido dos sábios e cultos e fazer a revelação às crianças pequenas." Como eu disse antes, sempre que alguém lhe apresenta uma nova verdade espiritual muito profunda a respeito do coração de Deus, que você ainda não conhece em seu próprio coração, pode não considerá-la verdadeira. A verdade não é um tipo de poço fundo de conhecimento que apenas os cultos podem destrancar. Você não precisa passar anos estudando religião. Ela já está em você. Está nas crianças pequenas. Quando você a escuta, devia reconhecê-la.

Jesus é o mistério revelado. Ele não é um mistério que ainda está sendo revelado. Ele disse com muita clareza que, se amarmos, vamos conhecer Deus; se não amarmos, não vamos conhecê-Lo. Não procure mais fundo. As pessoas que amam de verdade nunca questionam essa verdade. Só quem não a ama a rejeita.

Tenha isso em mente. Toda verdade precisa passar pelo "teste infantil". Se uma criança compreender aquilo de maneira intuitiva, provavelmente é verdade. Mas se for complicado demais ou não se encaixar naquilo que a criança sabe de maneira instintiva, provavelmente é mentira. Se quiser conhecer o coração de Deus, precisa aprender a pensar com simplicidade e com o coração, como uma criança pequena faz. Quanto mais você tenta intelectualizar a fé, mais se afasta da compreensão.

O amor no nosso coração é aquilo que leva as pessoas a conhecerem Deus. Não precisamos adornar a verdade para fazer com que as pessoas se interessem por Ele. O amor é a verdade. Isso, e apenas isso, é o que deixa Deus feliz. Ele se alegra com o amor porque esta é a força mais poderosa do mundo.

Quando compreendemos que Deus se alegra com aquilo que vê em nós, podemos nos libertar e acreditar também no assunto do nosso próximo capítulo.

Capítulo 14

Um Deus distante

Quando eu tinha 7 anos, meus professores descobriram que eu tinha séria dificuldade de aprendizado. A dislexia ainda não tinha nome, de modo que eu não tive o luxo de ser diagnosticado com o termo médico correto. Naquela época, o termo era "burro". Eu não era capaz de ler, nem que a minha vida dependesse disso.

Quando cheguei ao ensino médio, meu nível de leitura era como o de um aluno do primário. Na verdade, esse era meu nível em todas as matérias. Eu passava a maior parte das aulas de leitura fazendo desenhos e escrevendo historinhas – basicamente o que mandam a gente fazer quando não sabem como agir.

Meus cinco irmãos e irmãs eram alunos excepcionais. Então, eu me sentia isolado. Imagine a minha irmã menor, sete anos mais nova, me ajudando a ler as palavras da minha lição de casa do primeiro ano do ensino médio. Eu ficava me perguntando por que aquilo estava acontecendo comigo, e repetia a pergunta centenas, talvez até milhares de vezes.

O maior efeito, e talvez o mais negativo, sobre a minha performance acadêmica foi a minha professora do terceiro ano do ensino fundamental. Ela é quem tinha descoberto a minha dificuldade de aprendizado, combinada ao distúrbio de déficit de atenção extremo (que, obviamente, na época também não tinha nome). Mulher ríspida com voz enfezada, ela era extremamente condescendente. Eu me lembro de olhar nos olhos dela e ver com toda a clareza que ela me detestava. Ser detestado por um adulto foi um fato definidor para mim. Aquilo levou embora cada pouquinho da autoconfiança que eu ainda tinha. Eu queria agradá-la, de verdade, mas ela me humilhava o tempo todo, não importava o que eu fizesse.

Eu sempre me via parado na frente da classe, com ela me fazendo perguntas que sabia que eu não seria capaz de responder, com o único objetivo de me diminuir na frente dos outros. Ela devia acreditar que isso ia me incentivar a me esforçar mais e me empenhar, mas acho que ela se deleitava com aquilo, porque, mesmo depois que eu desabava e começava a chorar, ela simplesmente ficava lá, só olhando. Nunca fui capaz de descrever o horror daquele período da minha vida, e até hoje tenho pesadelos com ele. Aquilo mudou o rumo da minha vida nos 20 anos seguintes.

Todas as manhãs, quando eu me arrumava para ir para a escola, era como se estivesse indo para um campo de batalha. Enquanto eu me afastava do meu bairro e caminhava pelo deserto do Arizona, minhas pernas ficavam fracas e meu coração batia forte dentro do peito. No momento em que a escola aparecia à vista, eu sentia um nó na garganta e uma queimação nos olhos por causa das lágrimas.

Uma ponte marrom e feia atravessava a rua movimentada que ficava na frente da minha escola. Cruzar aquela ponte todas as manhãs era como fazer uma travessia para o inferno. Eu parava todos os dias no alto dela e espiava o outro lado, com o temor esmagando as minhas entranhas.

Quando penso nisso hoje, percebo que meu coração se transformava todas as vezes que atravessava aquela ponte. Eu me tornava outra pessoa. Eu tinha que fazer isso para conseguir sobreviver. Quando as aulas terminavam e eu fazia o caminho de volta para casa, podia ser eu mesmo novamente. Mas, na manhã seguinte, eu me afastava de mim mesmo de novo antes de chegar à escola.

Um dia me sentei bem no meio da ponte, incapaz de atravessá-la. Nem cheguei a ir à escola. Só fiquei lá sentado, pensando. Eu sonhava que houvesse algo maravilhoso no fim daquela ponte velha, em vez da minha escola. Eu apertava os olhos para tentar ver o rosto das pessoas que passavam de carro na rua embaixo de mim. Até pensei em pular e pôr fim a tudo. Fiquei sentado lá o dia inteiro, pensando. Pensei em meu pai e em onde ele podia estar. Imaginei que ele estava sentado ao meu lado, segurando minha mão. Sonhei que ele ia atravessar a ponte comigo e se sentar ao meu lado na sala de aula, para me proteger e me reconfortar se as coisas ficassem ruins. Mas, quando abri os olhos, ele não estava lá. Então fiquei ali sentado mais um pouco.

À medida que os anos foram passando, eu ficava me perguntando por onde Deus andava naquela época da minha vida. Por que Ele não me protegeu? Como é que Ele podia ficar sem fazer nada, permitindo que aquela mulher me humilhasse? Claro que Deus sabia o que estava acontecendo. Onde estava a proteção de que eu tanto tinha ouvido falar?

Todos já passamos por alguma situação de que gostaríamos de ter sido protegidos. Mas o que queremos nem sempre é o melhor para nós. Para proteger nossos filhos, esterilizamos a casa para manter as bactérias nocivas do lado de fora, sem nunca pensar que eles podem precisar desenvolver a capacidade de lutar contra essas bactérias a fim de sobreviver mais tarde na vida. Eles precisam ficar doentes de vez em quando. Às vezes, as coisas que consideramos proteção na verdade podem ser uma maldição. Nós passamos a definir a proteção como o impedimento de que qualquer coisa ruim aconteça ao nosso corpo. Desde que ele esteja protegido, achamos que está tudo bem. Mas o que dizer a respeito do espírito e do coração? E do egoísmo que alimenta esta visão equivocada da proteção?

O problema com a nossa definição de proteção é que ela é superficial e míope. Nós de fato a *despersonalizamos* e a transformamos em um conceito sem sentido que deve se encaixar em qualquer pessoa em qualquer situação. E essa visão de molde de proteção também despersonaliza nossa relação com Deus. No final, começamos a esperar que tudo, inclusive Deus, funcione de acordo com o modelo tamanho-único. Este raciocínio não é favorável ao relacionamento. Na verdade, é contrário ao relacionamento. Deixe-me explicar.

Nós todos já ouvimos histórias de alguém que sofreu um acidente de carro grave e escapou sem nenhum arranhão. Alguém vai dizer: "Deus o protegeu." É claro que protegeu. Mas, quando definimos a proteção de Deus desta forma, estamos cometendo um erro grave. O que dizer dos milhares de pessoas adoráveis que não escaparam dos acidentes? Será que Deus não as estava protegendo? Se definimos a proteção assim, somos forçados a afirmar que Deus protege alguns e outros, não. É nisso que as pessoas na igreja que eu frequentava quando criança acreditavam, e é assim que muitas pessoas veem Deus hoje.

Essas expectativas robotizadas de proteção se infiltraram em todas as áreas do pensamento religioso. A maneira como Ele age acaba se tornando um mistério para nós porque não coincide com o que pensamos sobre essa lei universal.

Se você perguntar às pessoas se acreditam que Deus sempre protege, elas podem responder: "Acredito. Claro que sim." Mas a maioria dos cristãos concorda que Deus *nem sempre* os protege. Aqueles que acreditam geralmente acham que a proteção do Senhor depende do respeito às regras e do merecimento. Dizemos coisas do tipo: "Se aquela pessoa não parar de fazer o que está fazendo, Deus vai tirar sua mão protetora de cima dela." É assim que explicamos as tragédias na vida dos outros. Achamos que Ele faz isso porque nossa definição mecânica de proteção nos diz que é assim. Já ouvi a proteção divina ser descrita como um guarda-chuva, e, se saímos de baixo dele, pegamos chuva na cabeça. Temos uma compreensão unidimensional da proteção de Deus que depende de obedecermos a uma lista impossível de leis e diretrizes, na tentativa de merecê-la. Quando uma coisa ruim nos acontece, sempre encontramos uma regra naquela lista que ignoramos. Eu me tornei especialista em encontrar essas coisas na minha vida. Era capaz de descobrir um motivo para me culpar por cada coisa que acontecia comigo.

Conheço gente que não pega o carro para ir ao supermercado sem pedir a Deus que coloque anjos a seu redor para protegê-lo. Esse tipo de pedido demonstra o medo de que já não tenhamos essa proteção. Nós temos esse temor porque nos ensinaram que nada é de graça, e que o amor nem sempre nos protege – a menos que paguemos de alguma maneira.

Aprendemos que devemos pagar quinhões a Deus, como se estivéssemos comprando a proteção de um chefão da máfia que exige primeiro a contribuição leal. Esta é a imagem que pintamos do nosso Pai no século XXI, e ela é repulsiva. Não sei se há algum outro ensinamento que esteja tão distante do amor. No entanto, aceitamos este fato e preenchemos o cheque do medo, na esperança de que Deus faça aquilo que o pastor prometeu.

Assim, é mesmo difícil acreditar que Deus sempre vai nos proteger, já que crescemos com a ameaça de Deus pairando sobre nossa cabeça. Quando eu era criança, me preocupava mais em achar alguém para me proteger de Deus do que em fazer com que Deus me protegesse. Parecia que um em cada dois sermões falava sobre Sua ira. Deus era a última pessoa a quem eu iria recorrer se tivesse um problema. Aliás, eu correria na direção oposta.

Esperar proteção de Deus se transformou em uma noção ridícula, principalmente porque tudo o que nos ensinaram sugeria que Ele era o causador das coisas ruins que nos aconteciam. A maioria dos meus amigos cristãos se sente da mesma maneira. Acredito que, com a compreensão que as pessoas têm a respeito de Deus, é quase impossível acreditar que o amor sempre protege.

Deus sempre protege

Deus protege você porque o ama. Não porque você é bonzinho e segue as regras, mas porque proteção é algo sagrado para o amor. Ela nunca é usada para manipular ou controlar. Deus nunca ameaçaria tirá-la de você com a intenção de chamar sua atenção. Da mesma maneira como nós nunca pensaríamos em usar isso contra os nossos filhos, Deus não vai fazer contra você. Existem diversas maneiras amorosas de conseguir a atenção de alguém sem usar o medo.

Tenha certeza de que Deus nunca vai tirar Sua mão protetora de cima de você. A sua segurança é sagrada para Ele. Sem ela, você não é nada, e Ele sabe disso. Coisas ruins acontecem com todo mundo em algum momento. Este é apenas um fato da vida. Nunca desconfie de que Deus retirou Sua proteção na tentativa de corrigir ou castigar você quando algo ruim acontecer. Ele nunca prometeu que viveríamos sem dificuldades. Se você está aqui na Terra, vai experimentar adversidade e dor. Isso acontece com todo mundo. E você precisa saber que, quando isso acontecer, não é sinal de que Deus deixou de protegê-lo, e certamente não foi causado por Deus para lhe dar uma lição. Você pode permitir que os seus filhos experimentem dificuldades para lhes ensinar algo que vai ser útil mais para a frente na vida. Mas ferir um filho de modo intencional? O amor nunca age assim.

A proteção de Deus é a promessa de um pai que sempre nos mantém de pé em qualquer circunstância, por mais terrível que seja. O amor fica firme sob qualquer condição. Ele é a viga de sustentação que nunca cede, nem mesmo sob pressão inimaginável. As adversidades não são evidência de falta de proteção; são provas da existência da proteção divina.

Quando pensamos na conexão atual entre o pagamento do dízimo e a proteção de Deus, é interessante notar que nenhum dos autores do Novo Testamento jamais fala em pagar obrigações. Por que será? Talvez porque o Novo Testamento seja todo a respeito de relacionamento. E se você ama, dar apenas 10% parece ridículo e ofensivo, porque o amor dá *tudo*.

Não estou sugerindo que Deus mudou da época do Antigo Testamento até hoje. Deus não mudou, nem nunca vai mudar; mas as *circunstâncias* mudaram. Um dia antes de me casar com minha mulher, havia limitações em nosso relacionamento que nos proibiam de experimentar a intimidade. Vinte e quatro horas depois, esses limites foram removidos. Nós não tínhamos mudado; as *circunstâncias* é que mudaram.

Até compreendermos o que mudou por causa de Cristo, sempre vamos estar presos à mentalidade do Antigo Testamento. Em muitos aspectos, a igreja se assemelha a um casal que namora há 50 anos e nunca chegou a se casar. É isso que os nossos ensinamentos fazem hoje. Eles rejeitam a intimidade em nome da qual Cristo morreu e adotam uma mentalidade de solidão, contrária ao relacionamento. Na época do Antigo Testamento, as pessoas pagavam. Na época do Novo Testamento, nós damos. A diferença entre os dois é o amor. Você não precisa pagar o Senhor por Sua proteção, porque a proteção de Deus é gratuita. Ele o protege porque está casado com você.

Foi um dia difícil para mim quando a minha filha mais velha tomou suas primeiras vacinas. Observá-la passar pelo medo e pela dor fez com que a minha esposa e eu derramássemos lágrimas. Eu me lembro dos olhos dela quando a agulha perfurou sua pele. Sua expressão era de desilusão total. Minha filha parecia estar tentando entender por que eu estava fazendo aquilo com ela. Ela achou que eu estava lhe causando aquela dor. Não dava para explicar que eu estava fazendo aquilo porque a amava. Eu o fiz para *protegê-la* de algo que poderia lhe fazer muito mais mal no futuro.

Quando tomamos uma vacina, o agente que tentamos evitar é inoculado em nós. Com a vacina da varíola, por exemplo, o médico injeta o vírus causador da doença de propósito no nosso corpo. Ironicamente, isso é necessário para que sejamos protegidos no futuro.

Muitas pessoas vivem com amargura, pensando que a dor do passado é prova de que Deus não estava ao seu lado para protegê-las. Elas nunca param para se perguntar em que aquelas experiências serviram para fortalecê-las. Em vez de aceitarem quem elas são hoje como resultado das vacinas do passado, escolhem se concentrar na dor da injeção.

Pessoas criadas em um lar cheio de estresse se tornam adultos qualificados a lidar com a tensão. As vacinas emocionais costumam combinar com o nosso futuro de maneira única. Com Deus, nossa proteção tem a ver com a nossa *razão de ser*. Quando Ele criou você, sabia qual seria a sua razão de ser e que tipo de vacinas você iria precisar para estar preparado para o futuro. Deus não se deleitou com os tormentos pelos quais você passou, nem foi Ele que os causou. Ele nem sequer planejou essas coisas. Mas Ele as usou para fortalecer a sua razão de ser máxima na vida.

Há dez anos, fui a Phoenix, no Arizona, para fazer um curso de treinamento para pastores. Eu tinha vendido tudo o que tinha e me mudado para a cidade a fim de participar desse programa nacional com a esperança de que seria a minha porta de entrada no ministério religioso.

No dia em que o curso começou, eu estava indo de carro para a igreja por uma rua pela qual nunca tinha passado. Eu estava animado, ansioso pelo que os próximos meses trariam. Enquanto eu orava e pensava em tudo por que tinha passado nos últimos 30 anos, ergui os olhos de repente e *lá estava a ponte marrom*.

Quase parei de respirar quando a vi. Ela não devia estar ali. Mas eu identificaria aquela coisa em qualquer lugar, a 100 metros de distância. Ainda assim, a uns 30 quilômetros do lugar onde eu havia passado a infância, lá estava a ponte de metal que eu atravessava todos os dias para ir à escola. Era evidente que a prefeitura a tinha transferido para aquela ruazinha. Depois fiquei sabendo que aquele era considerado um dos maiores projetos de reciclagem do Arizona.

Enquanto eu passava embaixo da ponte a caminho da igreja, olhei para cima e vi um garotinho parado, olhando para mim. E, sem nenhum aviso, comecei a chorar. Solucei pelo menino que eu tinha sido enquanto minha mente se enchia de lembranças daquela ponte terrível, daquelas caminhadas penosas e de todas as horas que passei cheio de tristeza naquela estrutura de metal quando eu era criança. Naquele momento, o Senhor falou comigo a respeito da minha razão de ser.

Ele começou a revelar que tudo por que eu tinha passado quando criança estava me preparando para me tornar o que sou. Ele disse que não foi fácil ver meu sofrimento, mas sabia que aquilo tudo tinha que acontecer para que eu estivesse preparado. A minha razão de ser era escutar e compreender as pessoas que sofrem. Era amar aqueles que se sentem abandonados e incentivar os que têm baixa autoestima. E eu os amo, *de verdade*. Meu coração sangra por essas pessoas. Eu não tenho como evitar, simplesmente faz parte de mim. Cada experiência esmagadora que eu vivi na infância foi uma preparação que iria me permitir trazer o máximo de alegria e contentamento à minha vida e à dos outros.

Percebi então que o meu eu verdadeiro está entremeado à minha razão de ser. A maioria das pessoas separa essas duas coisas e enxerga a proteção apenas como algo relacionado à carne. Tudo o que aconteceu comigo na tentativa de destruir minha razão de ser foi usado para fortalecê-la. A proteção de Deus é muito mais profunda do que eu jamais tinha me dado conta.

Olhando para a dor do meu passado à luz daquilo que eu faço hoje, percebo que não mudaria nada. Deus estava me protegendo o tempo todo. Valeu a pena, e eu faria tudo de novo.

Foi Ele quem me pegou no colo quando a minha professora me humilhou na frente da classe. Foi Ele quem caminhou comigo pela ponte até a escola quando eu me sentia apavorado. Ele estava presente até no dia em que eu fiquei sentado na ponte e pensei em pular. Ele me segurou no colo no meio da pressão e do tormento e, até hoje, ele nunca me deixou na mão. O amor sempre protege.

Capítulo 15

Ele confia em nós

Minha casa parece uma creche. Com quatro filhas e um filho pequeno, tem barulho de manhã até a noite: sons de risada, manha, choro, brincadeira e mais risadas. É raro um momento de silêncio. Mas, acredite, fico ansioso para chegar em casa e encontrar aquelas cinco pessoas que não param de berrar. Esse é o lugar a que pertenço, e não o trocaria por nada no mundo.

De vez em quando, sou lembrado do poder da minha responsabilidade como pai deles. É mil vezes mais do que fornecer alimento e abrigo. Isso corresponde a mais ou menos 3% do meu trabalho. Minha verdadeira função vem à tona no momento em que olho nos olhos deles e vejo sua confiança incondicional e absoluta em mim. Ver isso é quase mais do que eu sou capaz de suportar.

Se eles conhecessem a verdade a respeito do meu caráter, desconfio que iam se sentir menos seguros com o papai. Ainda assim, eles caem no sono nos meu braços em lugares públicos sem a menor preocupação. Eles pulam da beira da piscina para os meus braços sem reservas. O sol nasce e se põe de acordo com as minhas ordens, até onde eles sabem. Nenhum outro homem é mais bonito, mais forte ou mais inteligente do que eu. As minhas palavras determinam o curso da vida deles. Os meus olhos revelam quem eles são e os meus beijos fazem sarar os todos os machucados deles.

É difícil imaginar que algum dia eles possam perder a confiança em mim. A ideia de que isso possa acontecer me deixa doente. Se aquele ar de crença abandonasse os olhos deles, não sei bem se continuaria sabendo totalmente quem *eu* sou. Naquele olhar está o poder que me conduz a grandes feitos em nome deles. Ele mata todo o meu egoísmo e purifica o meu coração.

Apesar de a confiança total de uma criança não ser algo raro, pouca gente hoje acredita, no fundo do coração, que o amor sempre confia. Embora a maioria das pessoas concorde que deveriam acreditar, elas simplesmente não o fazem.

Nossa concepção a respeito da confiança mudou muito nos últimos tempos. Nós a definimos de acordo com o aqui e agora. Queremos saber se podemos confiar que alguém vai ser leal a nós ou se vai nos dizer a verdade. Nós questionamos se é possível ou não confiar em uma pessoa para guardar nossos segredos e não falar mal de nós pelas costas. Se alguém se comprovar ser *digno* do nosso respeito, então podemos dizer que vamos confiar na pessoa – ainda assim de maneira condicional.

De acordo com o pensamento de hoje, todas as pessoas começam com saldo zero de confiança. Tudo o que elas obtêm a partir de então é *merecido*. Se pisam na bola, são catapultadas de volta para o zero e obrigadas a começar de novo. Umas são mais radicais com suas regras de confiança do que outras. E algumas simplesmente pararam de confiar em quem quer que seja.

A falta de confiança se transformou em sinal de força na sociedade de hoje. Todos os heróis dos filmes de ação abriram mão da confiança. Além de isso ser considerado sinal de independência e força, também é considerado "esperteza". É a maior forma de autoproteção que conhecemos. Muita gente, até os cristãos, constroem muros ao redor do coração para que ninguém entre e nem saia.

Assim como aconteceu com o termo "proteção", o verdadeiro significado da palavra *confiança* se tornou raso e superficial. Enquanto a confiança for vista desta perspectiva egoísta, nunca vamos entender sua verdadeira beleza nem possuir sua força. Também passaremos a definir nosso relacionamento com Deus de acordo com isso.

A evidência de que essa visão da confiança é superficial está por todos os lados na igreja de hoje. Com frequência, os cristãos acreditam que Deus os faria considerar todo mundo digno de confiança – porque esse é o extremo oposto da mentalidade que impera. Essa noção distorcida revelou-se um enorme problema para milhares de pessoas bem-intencionadas, pois as transformaram em alvo fácil para a decepção. Já vi mulheres permanecerem ao lado de namorados violentos porque acham que confiar neles é o que um bom cristão faria. Trapaceiros aprenderam a usar o nome de Deus quando abordam pessoas que frequentam a igreja. Diga "Deus o abençoe" e você provavelmente vai conseguir o que quer de um cristão. Apesar de nem todos os religiosos serem tão ingênuos assim, há muitos que sinceramente acreditam que deveriam ser.

Depois de ter sido pessoalmente enganado muitas vezes por causa do meu conceito distorcido de confiança, passei a ter medo desse Deus que confia em todo mundo. Ele podia tirar um bandido perigoso da prisão por confiar que o sujeito já pagou pelo que fez. A ideia de Deus ser tão confiante nos outros me matava de medo. O maior problema com essa visão distorcida é que nos faz ver a confiança de Deus como algo apavorante.

Fomos ensinados a não relacionar a confiança com o conhecimento do coração. Muitos de nós acreditam que Deus não leva em conta quem somos nem o que preferimos, que Ele simplesmente ordena que façamos coisas, e temos que confiar e obedecer.

Ter confiança em Deus era algo que se exigia de nós se quiséssemos ser recompensados com qualquer coisa boa. Se isso fluía ou não de um sentimento autêntico, não era a questão. Confiar em Deus era uma medida de fé. Eu percebi que se me sentia preocupado e inseguro a respeito de qualquer coisa na vida, era o mesmo que dizer a Ele que não O amava. O sentimento de culpa que eu vivenciava cada vez que me preocupava ou me sentia abandonado era mais do que podia suportar. Eu não tinha permissão para me sentir assim.

O Deus que me apresentaram era como um marido controlador e violento com complexo de insegurança. Ele queria a minha confiança para se sentir poderoso. Eu não podia nem questionar nada sem deixá-lo furioso. Nunca me disseram que confiar em Deus fosse algo que evoluía naturalmente do amor. Era uma obrigação que se tinha por medo, não por amor.

Cresci escutando o pastor dizer que Deus não iria nos abençoar se não pudesse confiar em nós. Logo aprendi que não devia esperar nenhuma bênção divina porque eu já sabia que ia acabar estragando tudo. Então, parei de pedir. Daí percorri o mesmo caminho que vi centenas de outras pessoas percorrerem desde então: comecei a fingir para convencê-Lo de que eu era bom e não iria pisar na bola. Eu frequentava a igreja e fazia minha contribuição. Era assim que eu iria mostrar a Deus que era digno. Mas algo me dizia que Ele nunca iria confiar em mim, porque nós dois sabíamos que eu não era digno disso. Ele me conhecia por dentro, e eu também. Eu ainda precisava percorrer um longo caminho antes que o meu eu interior fosse digno de confiança.

Desde cedo me ensinaram que Deus não faria nada além de me testar repetidas vezes na vida. Tudo era uma provação. Ele me testava constantemente para ver se eu era digno de confiança. Era exaustivo e irritante, porque parecia que eu nunca sabia que estava sendo avaliado até o momento em que falhava. Eu era como a maioria dos cristãos sinceros; nunca acreditei que Deus confiasse incondicionalmente. Eu acreditava que Ele sempre testava. Se Ele confia, por que fica nos testando o tempo todo? Esta pergunta brota da nossa perspectiva mundana da confiança. Achamos que ela primeiro precisa ser conquistada. Uma pessoa só pode ser finalmente considerada digna de confiança se passar no teste.

Muitos nem conseguem imaginar que Deus tem o coração aberto por causa das vezes que receberam uma avaliação negativa de algum colega do passado por algo que fizeram. É difícil não tirar conclusões a respeito do coração de Deus a partir das ações de Seus filhos. E assim acabamos nos conformando com a imagem que fomos levados a fazer do nosso Pai.

Eu acredito que o conceito de "recaída" se constrói sobre uma crença interna de que Deus fecha Seu coração para nós quando cometemos erros. Uma pessoa peca e imediatamente sente que Deus fechou o coração para ela. Ela resolve esperar alguns dias antes de abordá-Lo e, no decorrer daqueles dias, peca de novo. Então é forçada a esperar mais alguns dias, e quase sempre volta a pecar mais uma vez no período. Antes de se dar conta, a pessoa já assumiu uma vida emocionalmente separada de Deus porque, ao pecar, acreditou que o Senhor fechou o coração para ela.

Quando sentimos que não podemos nos aproximar de Deus com confiança e ousadia, estamos declarando que não acreditamos que Ele sempre confia em nós. Quando nos pegamos fingindo que somos confiáveis, estamos dizendo que acreditamos que temos que conquistar a confiança do Senhor. Quando nos sentimos ousados e seguros na presença de Deus por termos sido muito bonzinhos na semana que passou, estamos admitindo que não acreditamos que Seu coração está sempre aberto para nós.

Sempre que nos sentimos mais aceitos por Ele por termos obedecido às regras, evidenciamos a crença de que não é sempre que Deus confia em nós.

Eis aqui o problema: a nossa visão de confiança tem a ver com atos, provas externas ou com sermos dignos. Nós nos concentramos nas coisas que queremos de Deus e, se as conseguimos, confiamos em Sua divina bondade. Se não conseguimos, não confiamos. E acreditamos que Deus age assim também. Se Ele conseguir despertar o comportamento que deseja de nós, vai confiar em nós. Como os nossos olhos estão voltados para as coisas físicas que almejamos, e não para os desejos verdadeiros do nosso coração, determinamos se vamos ou não confiar no Senhor de acordo com a obtenção ou não de uma promoção no trabalho ou do carro com o qual tanto sonhamos. Se o carro quebra ou se recebemos uma cobrança inesperada, então a nossa confiança em Deus é posta em dúvida.

Por que acreditamos que Deus age assim? Por que a confiança do Criador seria condicional? Não é verdade que Ele sempre confia e acredita em nós? Apesar de respondermos "sim" prontamente, tenho dúvidas sobre a resposta que o nosso coração daria. Descobri que, com a realidade religiosa pregada hoje em dia, é quase impossível acreditar que o coração de Deus está sempre aberto para nós, seja qual for a nossa situação na vida.

Deus sempre confia

Todos nós necessitamos saber que temos a confiança do nosso Pai. Definimos nosso valor e nossa personalidade pela maneira como percebemos o coração do Senhor em relação a nós. Se achamos que ele está fechado, morremos espiritual e emocionalmente. Passamos a acreditar que somos indignos, e esse rótulo nos persegue por onde quer que vamos. Isso é devastador porque nos tornamos aquilo em que o Criador acredita a nosso respeito. A confiança de Deus é o que nos mantém inteiros, que nos ergue e nos faz avançar.

Quando digo à maioria dos cristãos que Deus é confiante, eles parecem não levar a sério a afirmação por causa da teologia fajuta que adotaram. Embora digam "Eu sei que Ele acredita em mim", sou capaz de entender que o que eles estão dizendo na verdade é: "Deus acredita no meu potencial e naquilo que eu posso vir a ser, mas do jeito que eu estou aqui e agora... nisso Ele não acredita." Mas pensar assim é um engano. Apesar de Deus obviamente enxergar aquilo em que você vai se transformar no futuro, Ele também ama quem você é hoje.

Nós enxergamos a confiança de uma perspectiva externa. Deus vê a confiança como algo que pertence ao coração. Perguntamos "qual é a aparência externa da confiança e como somos afetados por ela no mundo físico?". Deus pergunta qual é a aparência interna dela e quais são seus efeitos espirituais. Qual é a aparência do coração crédulo? Qual é sua atitude? Se pudermos definir isso, teremos descoberto o verdadeiro significado da confiança.

Outro lado negativo da maneira como medimos a confiança é que ela pode ser falsificada. Podemos agir como se confiássemos em alguém, quando a postura real do nosso coração é o contrário. Algumas pessoas são capazes de levar nosso coração a acreditar nelas, embora estejam apenas fingindo serem dignas de confiança. Qualquer uma dessas situações quase sempre termina com corações despedaçados.

A evidência vai sempre falhar ou mudar. O amor é imutável. É por isso que sofremos. Entregamos nosso coração com base em evidências externas. Quando as evidências mudam, nosso coração se despedaça. Se a confiança tivesse como base o amor, nenhuma mudança jamais poderia despedaçar o nosso coração.

O que o mundo não consegue entender é que a confiança não tem a ver com conseguirmos o que desejamos ou com termos permissão para fazer isto ou aquilo. Não tem a ver com as manifestações externas por meio das quais a definimos. Por exemplo: o fato de eu não deixar que minha filha de 5 anos dirija o meu carro não significa que eu não confio nela, que não a amo ou não a considero importante. Aliás, se quer dizer alguma coisa, é que eu de fato confio nela (e a amo e a respeito e a conheço) além de sua capacidade de dirigir um carro. Ela não sabe dirigir. Os pés dela não iriam alcançar os pedais. A decisão de não lhe entregar as chaves não tem relação com minha confiança nela, e sim com o meu amor por ela. Confiar na minha filha é muito mais profundo do que lhe dar permissão para colocar sua vida em risco. Transformar a permissão de dirigir em uma questão de confiança seria corromper a essência da confiança. Ela é uma condição do coração, não uma ação física.

Existe uma diferença entre a confiança de Deus e Sua sabedoria. Geralmente confundimos as duas e acabamos pensando que Deus não crê em nós. É possível não permitir que alguém nos violente e ainda assim manter o coração aberto para essa pessoa. Só porque não damos o cargo de contador a um homem viciado em jogo, isso não quer dizer que fechamos o coração para ele.

A confiança de Deus não pode ser resumida às coisas que Ele dá ou não para nós. Conceder-nos aquilo que pensamos ser o melhor para nós não é questão de confiança; é uma questão de sabedoria. Muita gente pede a Deus que lhes envie um companheiro, mas pode não ser o momento certo. A sabedoria de Deus não Lhe permite colocar um parceiro em nossa vida na hora errada.

Deus prefere ouvir nosso coração a escutar o que diz nossa boca. Temos o hábito de pedir coisas que são contrárias àquilo que o nosso coração deseja. A maioria das pessoas nem está em contato com seu próprio interior, de modo que, quando Deus atende às preces do seu coração em detrimento das orações da sua boca, ficam assombradas e perplexas. Sua vida foi repleta de pedidos atendidos, mas elas nem sequer sabem disso, porque não se ouviram pedindo aquilo que receberam. Como não obtiveram as *coisas* que sua boca pediu, param de confiar em Deus.

Conheço homens que fecharam o coração completamente para as mulheres, pois não confiam nelas de jeito nenhum. Conheço mulheres que se sentem da mesma maneira em relação aos homens. O coração dessas pessoas tem tanta tristeza e desconfiança por causa da dor de seu passado que elas têm medo da ideia de se abrirem novamente ao amor. Ironicamente, homens e mulheres que se sentem assim quase sempre rogam a Deus que lhes arranje um parceiro. Se isso não acontece, essas pessoas perdem a confiança no Senhor porque acham que suas preces não foram atendidas. O problema é que Deus as atendeu, sim. Ele escuta apenas o coração. As respostas que obtemos de Deus estão de acordo com as preces do coração, não da boca.

Certa vez assisti a um programa de televisão que mostrava o dia a dia de uma emergência de hospital. Um dos primeiros pacientes a chegar era um homem que tinha levado um tiro no peito. Havia cerca de seis médicos ao redor dele, trabalhando para salvar sua vida. De repente, o coração do homem parou de bater, e os médicos pegaram um desfibrilador para reanimá-lo. Como o procedimento não funcionou, resolveram massagear o coração manualmente. Para fazer isso, precisaram cortar o esterno usando uma serra. Depois que o peito do homem foi aberto, o médico colocou a mão dentro dele e massageou seu coração até que o homem voltasse a ter pulso. Foi a coisa mais impressionante que já vi.

No meio dessa cena, Deus começou a me mostrar que é isso que ele exige em um relacionamento verdadeiro. Abertura total. Vulnerabilidade completa. Para que qualquer relação seja autêntica, as portas do coração das duas pessoas precisam estar abertas. É esse o ambiente em que o amor puro e verdadeiro pode existir.

Imagine o nível de confiança que aquele homem precisaria ter se seus olhos se abrissem durante o procedimento. Cada parte oculta dele foi exposta com o objetivo de salvar sua vida. Se ele tivesse recusado o acesso a seu coração, certamente teria morrido. Os verdadeiros relacionamentos também são assim. Se as portas do coração não estiverem abertas, o relacionamento vai murchar e acabar morrendo. Este princípio se estende a muitos aspectos do amor.

A última cena da vida de Jesus foi tão sangrenta quanto a desse programa de TV. Ele foi exposto e aberto na nossa frente. Deus se apresentou para o mundo de uma maneira que representou perfeitamente como Ele se expressa nos relacionamentos. Ele não deixa nada escondido da vista de Seus filhos. Tudo foi exposto para você ver, porque é isso que o relacionamento exige. Nunca pense que Deus vai deixar de confiar em você se fizer algo errado. As suas ações não têm influência sobre a confiança completa Dele. Ele é o autor da confiança e da franqueza. Entenda isso e se regozije, porque o seu Pai do céu o ama, e o amor sempre confia!

Capítulo 16

Nós O desapontamos?

Naquele dia, não fazia diferença se as outras crianças implicassem comigo ou se eu fosse o último a ser escolhido para o time. Não fazia diferença o fato não conseguir ler e escrever tão bem quanto elas, nem de ficar sozinho no refeitório na hora do almoço. Também não fazia diferença se a professora me humilhasse na frente da classe. Simplesmente não fazia diferença porque eu tinha uma coisa que ninguém mais tinha. Aquilo fez com que eu suportasse o dia. Fez com que as coisas horríveis parecessem triviais. Aquele dia era diferente de qualquer outro porque meus pais tinham me mostrado as entradas para a Disneylândia. Viajaríamos dali a três meses, e nada que acontecesse até lá poderia ser mais importante.

Quando a vida ficava difícil, eu lembrava a mim mesmo de que iria à Disney e me alegrava por mais um dia. Eu havia recebido uma esperança na qual me ancorar. Enquanto as entradas estivessem presas à porta da geladeira e a data estivesse marcada no calendário da família, eu era maior do que o normal. Minha cabeça viajava no futuro, ensaiando as coisas que eu poderia fazer. Eu me imaginava esperando na fila de um brinquedo com pipoca em uma das mãos e um cachorro-quente na outra. À noite, quando todo mundo estava dormindo, eu ficava deitado na cama com os olhos fechados e era capaz de escutar os sons e sentir o cheiro de pipoca no ar do Mundo Encantado. Não há nada igual a essa sensação. Em muitas noites ela embalava o meu sono, como uma mãe carinhosa.

A maioria das pessoas pensa na esperança como uma fantasia que não tem embasamento na realidade. Pensamos nela como otimismo em tempos de dificuldade. Pessoas "esperançosas" podem dizer "Seria ótimo se isso acontecesse". Independentemente da situação, elas mantêm a esperança por meio de uma atitude positiva.

As crianças *esperam* que, no futuro, possam ser bailarinas ou jogadores profissionais de futebol. As mulheres *esperam* não engordar, os homens *esperam* ficar milionários. Pacientes terminais *esperam* vencer a doença. Prisioneiros *esperam* ser soltos antes do fim da sentença, e todas as outras pessoas *esperam* que não.

Apesar de a maior parte dessas coisas ser possível, elas não são prováveis. No entanto, a nossa visão de esperança escolhe fazer com que *pareçam* concebíveis. Ela nos dá aquilo de que precisamos para chegar ao fim do dia. Se não acontece, tudo bem também; pelo menos, não perdemos a *esperança*.

O problema com essa definição de esperança é que ela foi reduzida a *desejar* alguma coisa. Não existe certeza nem garantia. É apenas um sonho de algo que poderia acontecer. Não há nada de errado em desejar, mas, quando isso ocupa o lugar da verdadeira esperança, cometemos um erro grave.

Cada vez que leio sobre a "esperança" que nós temos em Cristo, fico imaginando o que Paulo quis dizer. Ele falava a respeito de como Jesus Cristo tinha se erguido dos mortos e agora estava ao lado direito de Deus Pai, intercedendo a nosso favor. Então ele diz que *espera* que isso seja verdade. *O que é verdade?*, eu me perguntava. *Será que era verdade ou não?* Quando eu lia aquilo, quase podia detectar um tom de incerteza no texto.

Como é que eu posso afirmar uma coisa e ao mesmo tempo *esperar* que seja verdade? A mim, parecia que Paulo não tinha muita certeza se Jesus tinha se erguido dos mortos ou não.

Se *Deus é amor* e *o amor sempre tem esperança*, o que isso significa? Por que Deus precisaria ter esperança em relação a qualquer coisa se Ele já conhece tudo do início ao fim? Será que Deus bloqueia o que sabe que vai acontecer para poder ter esperança de que vá acontecer? Isso sempre me parece meio esquisito.

De maneira semelhante ao que fizemos com as palavras *proteger* e *confiar*, distorcemos a definição de *esperança*. E, mais uma vez, a nova versão parece ser o exato oposto da coisa real. O perigo disso é que acabamos acreditando que a esperança de Deus em relação a nós é desesperançada. A verdadeira esperança é extremamente preciosa; a vida depende dela, e Deus fez com que fosse assim. Ela é muito cara ao coração do Senhor graças ao poder que dá a Seus filhos quando colocada nas coisas certas.

A razão de ser da *esperança* é estar inserida na verdade. Este é o elemento mais importante da esperança que devemos compreender. A esperança deve ser sempre inserida na verdade. Se colocada em qualquer coisa que não seja real, ela se transforma em uma força destrutiva que tem o potencial de nos conduzir a um mundo vazio e angustiante. Quando usada da maneira correta, ela nos reboca pelas dificuldades da vida. Não há nada que uma pessoa não seja capaz de suportar se sua esperança for pautada na verdade.

Deus nos dá a chance de escolher onde vamos prender a nossa corda da esperança. Há ganchos na verdade e há ganchos também na mentira. Sempre que optamos por atrelar nossa esperança a algo que não é a verdade, somos arrastados para a morte. É por isso que a definição de esperança hoje está tão prejudicada. Gerações de pessoas se prenderam a suas falsidades e incertezas. Muita gente perdeu totalmente a esperança porque seu novo significado não tem a verdade de que precisamos. E, como resultado, a esperança se tornou algo bacana, mas não indispensável.

Quando perdemos a esperança, também perdemos a fé. É por isso que tantas mulheres dizem ter perdido a fé nos homens. Elas prenderam suas *cordas de esperança* à decepção porque a mentira fez com que se sentissem bem naquele momento. Durante todo o tempo, elas diziam a si mesmas: "Espero que ele mude." Em vez de depositar sua esperança na verdade a respeito dos homens, elas escolheram depositá-la em uma fantasia ou em uma ideia que criaram no coração. Quando atrelamos a esperança a algo que, no fundo, sabemos que é mentira, mas que desejamos racionalmente que não seja, estamos jogando com a esperança verdadeira que Deus nos concede. O resultado é sempre desesperança.

Um homem namora uma mulher promíscua e espera que ela mude depois do casamento. Quando ela começa a flertar com os amigos dele e o relacionamento se torna insustentável, ele perde toda a esperança. Uma mulher se casa com um homem que deixou a esposa para ficar com ela na esperança de que ele não vá abandoná-la para ficar com outra. Se ele resolve trocá-la, sua esperança é esmagada e ela perde a confiança nos homens.

O pior é que muitas pessoas bem-intencionadas chamam essas atitudes desesperadas de "atos de fé". Elas acham que é o que Deus gostaria que fizessem: colocar sua esperança em ideias falsas, independentemente da verdade que as rodeia. Cristãos enxergam assim a vontade divina porque é deste modo que muita gente vê Deus. Essas pessoas acham que Ele quer que elas tenham esperança em conseguir qualquer coisa que desejam, desde que "acreditem" naquilo com força suficiente. O ato de "esperar que aconteça contra todas as probabilidades" parece algo espiritual porque elas o associam à fé. Isso deixa Deus pesaroso porque parte do princípio de que Ele deseja que Seus filhos construam suas casas sobre areia movediça. A esperança não foi feita para "o que pode ser". Ela foi feita para o que é, o que foi e o que vai ser.

Antes de nos darmos conta, começamos a escutar Deus nos incentivando a ter esperança em coisas absurdas em nome da "fé". Depois de tanta tentativa e erro, a esperança se transforma em algo quase impossível de sustentar, porque seu significado alterado nos machucou tantas vezes. O resultado é que perdemos a esperança em Deus. A própria existência divina começa a parecer a nossa definição de esperança. Talvez Ele seja real ou talvez não. Talvez Ele me ame e talvez não. É legal pensar que Ele vai ajudar, mas não dá para ter certeza.

A esperança que se atrela à verdade é vital porque foi feita para ter longa duração. É a garantia do prêmio no fim da corrida. A esperança é aquilo que faz você dar cada passo do caminho. Ela deve estar amarrada à verdade no fim do percurso. Essa verdade é o que faz valer a pena participar da corrida. Se a verdade é questionada e a esperança não tem certeza, a esperança se torna um desejo ou um sonho distante, e não se tem força para continuar correndo quando a estrada fica íngreme e cheia de obstáculos.

Como um jovem pastor, logo descobri que é impossível amar as pessoas e ao mesmo tempo fazê-las questionar se vão mesmo para o céu quando morrerem. Ao fazermos isso, estamos mexendo com a coisa mais preciosa que Deus apresentou para elas. Estamos colocando em dúvida o prêmio no fim da corrida. O resultado é que a esperança do corredor se perde e a força para seguir em frente acaba. O amor não consegue engolir a ideia de entregar incerteza às pessoas.

As pessoas que não têm esperança em Deus precisam recorrer a substitutos para motivá-las. A dor e o medo são os mais comuns. Imagine ter o medo da morte como sua única fonte de força para seguir em frente. Infelizmente, este é o caso de muita gente que fica na defensiva quando tento ajudá-las a cortar a linha que elas atrelaram ao medo. Elas pensam que precisam daquela linha para chegar ao céu. O que existiria para motivá-las a fazer o certo se não fosse o medo de não ir para lá? Ironicamente, a "esperança no medo" se transformou em conforto com o passar do tempo.

Deus sempre tem esperança

Quando eu tinha 8 oito anos, a esperança que me fez atravessar momentos terríveis foram algumas entradas para a Disneylândia. Cada vez que eu chegava em casa depois de um dia difícil na escola, podia olhar para as entradas penduradas na porta da geladeira. Eu precisava dessa esperança para conseguir chegar ao fim de cada dia. Se meus pais tivessem ameaçado rasgar as entradas caso eu fizesse algo de errado, eu iria perder a esperança.

Imagine o que acontece quando os filhos de Deus acreditam que podem não ir para o céu se cometerem um erro. O amor nunca poderia ameaçar rasgar aquelas entradas. Deus sabe que você precisa delas. A força da certeza de que as entradas são suas e que ninguém pode tirá-las de você é a mesma força de que você precisa para seguir em frente na vida. Se você for cristão e não acreditar que está seguro em Cristo, é porque não tem esperança. Você só tem um desejo e um sonho. Até que saiba com certeza que pertence a Deus e que vai ficar ao Seu lado quando morrer, você vai permanecer em estado de constante desesperança. Tudo na sua vida vai oscilar, inclusive a sua fé. É por isso que tantas pessoas se aproximam e se afastam da fé constantemente. Elas não sabem se estão de bem com Deus. Tudo depende de suas ações, e não do que Ele prometeu.

A esperança que Deus tem em você nada tem a ver com o fato de você ter feito por merecer. Deus conhece a verdade a seu respeito. E a esperança sempre é depositada na verdade. A esperança de Deus em relação a você tem a ver com a verdade que Ele viu com Seus próprios olhos. Quando Deus olha para você hoje, vê o seu futuro. Ele não está tentando incentivá-lo a se tornar a pessoa que você pode ser. Ele viu o seu futuro e sabe com toda a certeza em quem você vai se transformar. A esperança do Senhor é ancorada na verdade da pessoa em quem você está se tornando.

Esta é a verdadeira esperança: enxergar toda a verdade e esperar na garantia de que a verdade vai prevalecer no final. É por isso que o amor sempre tem esperança, porque ele se regozija com a verdade. Os dois andam de mãos dadas. Não dá para ter um sem o outro.

Além de precisarmos de esperança para sobreviver, precisamos ter certeza de que Deus tem esperança em nós. No momento em que perdemos isso, perdemos também nosso próprio valor. Cada criança busca os olhos do pai à procura de confiança e aprovação. Não fomos criados apenas para ter esperança no nosso Pai, mas fomos criados para encontrar esperança na Sua divina bondade.

Deus se importa tanto com você e com a sua necessidade de esperança que até lhe concede mais alento quando a sua esperança começa a se exaurir. Até para as pessoas que a desperdiçam com mentiras, Ele a renova porque sabe que Seus filhos precisam dela para sobrevier. Mesmo quando fazemos uma má escolha atrás da outra, Ele não quer nos ver descrentes. Quando a esperança desperdiçada com mentiras chega ao fim, quando ficamos vazios e desesperançados, Deus está lá, fornecendo uma nova dose.

Como a esperança é tão essencial, ela deve ser protegida com muito cuidado. E só há um jeito de fazer isso: comprometendo-se com a verdade. A verdade pura e sem diluição a respeito de Deus, da fé, da vida e de você mesmo precisa ser protegida e alimentada. Quando algo é adicionado ou tirado da verdade, ocasiona a perda da fé. É por isso que você precisa proteger aquilo em que se permite acreditar. Tudo o que parece bom ou certo deve ser medido com a régua infalível que Deus nos deu: o amor. Se algo além desse sentimento for usado para avaliar a verdade, ela vai decepcioná-lo, e o resultado será a perda total de esperança.

Cada aspecto do amor é interdependente. Como um ecossistema delicado, ele depende de todos os seus elementos para se sustentar. Até as menores eliminações podem causar grandes desastres. Se acabássemos com as formigas ou os grilos da Terra, os efeitos seriam devastadores. A verdade do coração de Deus é bem parecida com isso. Portanto, precisamos corrigir as nossas crenças que ligam o medo ao amor. Se acreditarmos que Deus pode nos dar as costas por causa de alguma falha nossa, estaremos criando uma reação em cadeia de pequenas explosões, com efeitos altamente destrutivos.

Quando uma religião deixa de lado ou desrespeita um aspecto do amor, acaba redefinindo a face de Deus. Com o tempo, Ele começa a parecer desprezível e nada atraente. Por isso é imperativo que tenhamos compromisso com a verdade e rejeitemos as mentiras que nos rodeiam. A única maneira de fazermos isso é olhar dentro do nosso coração e nos lembrarmos de como o amor era puro quando éramos crianças. Lembre-se de como ele era simples e real antes de a vida ter deixado tudo tão complicado. Reencontre esse primeiro amor e o adote, confie nele, proteja-o e observe enquanto ele o leva a lugares inimagináveis.

Capítulo 17

O grande teste

Quando o *Titanic* foi lançado ao mar, dizia-se que aquele era um navio que jamais afundaria. Construído de ferro, era o maior transatlântico que existia. Por causa dessa obra incrível da engenharia, todo mundo acreditava que a embarcação seria capaz de suportar quaisquer condições.

Quando o navio bateu em um iceberg e naufragou, muita gente se perguntou o que deu errado. Algumas pessoas acreditavam que a embarcação estivesse amaldiçoada. Outras questionavam como um bloco de gelo podia afundar um navio de ferro. Os sobreviventes afirmavam que o navio tinha se partido ao meio antes de desaparecer sob as águas geladas. Cientistas discutiram durante décadas, dizendo que era impossível. Foi só quando finalmente encontraram o navio afundado que as respostas começaram a vir à tona.

Testes realizados mostraram que o ferro usado na embarcação não tinha sido testado. Como os construtores do navio estavam ansiosos para concluir o projeto em uma data específica, resolveram deixar de lado o pequeno detalhe de testar a qualidade e a durabilidade do material utilizado. Essa escolha se mostrou desastrosa. Experiências provaram, de maneira conclusiva, que o ferro usado para construir o *Titanic* era tão quebradiço quanto o vidro. Ele estava fadado ao fracasso no dia em que zarpou.

A realidade do *Titanic* é que ele não era um barco. Era uma falsificação. Não havia como saber disso quando ele saiu do porto, porque ele parecia ter tudo o que um navio tem.

Até agora, discutimos vários aspectos do amor, e todos têm uma coisa em comum: todos podem ser falsificados. É possível fingir paciência e bondade. Qualquer pessoa pode fingir que não tem inveja, não se exibe e não é orgulhosa. O egoísmo pode ser disfarçado e a raiva é fácil de esconder. As pessoas podem fingir que não fazem listas de erros e não é necessário muito esforço para agir como se não nos deleitássemos com a maldade. Proteção, confiança e até esperança podem ser falsificadas e parecer reais.

Há uma última coisa que é o passo final para descobrir a autenticidade do amor. Até que tenha sido adicionado a todo o resto, o amor ainda não é amor. Pode ter aparência de amor, flutuar como o amor e até passar a sensação de ser amor, mas é só uma miragem. Antes de sair da linha de produção e receber o selo de autenticidade, precisa ser testado. Esse teste é essencial, não apenas para provar que é verdadeiro, mas também para ter a capacidade de sobreviver, florescer e crescer. O amor é inútil se não for testado. Antes de um professor receber este título, ele precisa passar por um teste para provar que é professor. Apesar de ele já ter todo o conhecimento, isso não vale nada até que ele passe no teste. Um soldado não é um soldado até estar em plena batalha. Ele pode até ter aparência de soldado e carregar uma arma, mas até que passe no teste sob fogo cruzado, ele só é um cara de farda.

A perseverança é o resultado da combinação de todas as qualidades essenciais do amor verdadeiro. Só existe uma maneira de saber com certeza se o amor é ou não verdadeiro. Ele precisa passar pelo teste de fogo. A perseverança é o único elemento do amor que não pode ser fingido. Ou ele vai resistir ou vai derreter.

Hoje construímos nossos relacionamentos da mesma maneira como o *Titanic* foi construído. Testar um relacionamento antes de avançar é a última coisa que nos passa pela cabeça. Nós minimizamos a necessidade de perseverança nos relacionamentos porque não queremos ver a verdade. Frequentemente procuramos a solução mais rápida para a dor ou a solidão. Desde que os relacionamentos façam com que nos sintamos melhores, não nos preocupamos muito com a possibilidade de eles durarem ou não.

Acho que muitos cristãos falham nesse último teste. Várias pessoas já me relataram que, sempre que uma discordância surgia em sua igreja, os fiéis a abandonavam. Infelizmente, essa se transformou na lente através da qual o mundo vê o coração de Deus. A verdade é que, apesar de todos afirmarem que Ele é paciente, bondoso, protetor, confiável e tudo o mais, quando chega a hora H, elas não acreditam em uma única palavra disso.

Casais que se divorciam não dizem que o casamento "não passou no teste". Em vez disso, dizem "Nós simplesmente nos afastamos", "Começamos a caminhar em direções diferentes" ou "Não fomos feitos para ficar juntos". Quando o amor não consegue suportar a adversidade, os casais cristãos dizem: "Não acho que essa era a pessoa que Deus tinha em mente para mim." É por isso que as pessoas que estão casadas há muito tempo sabem que a resposta à pergunta se era amor se encontra no fato de o casal ter ou não permanecido junto. Você continua com aquela pessoa? Se não, o amor não passou no teste. A aparência e a sensação poderiam ser de amor, mas não era. E isso ficou comprovado pelo teste de fogo.

Muitas vezes, carregamos a crença de que o verdadeiro amor não deveria ser testado. Quando os testes aparecem, achamos que eles são provas de que o amor não é verdadeiro.

Fico nervoso quando um casal entra na minha sala poucas semanas antes do casamento e diz que os dois nunca brigaram. Muitas dessas pessoas acreditam que a adversidade não se apresentou porque seu amor é forte e real. Isso é um erro grave. A compatibilidade é vital. Mas há duas possibilidades que com frequência acontecem em relacionamentos assim. Primeiro, é provável que o casal esteja evitando o conflito. E, segundo, os dois envolvidos provavelmente não falam sobre as coisas que de fato são importantes para eles. No final, o amor verdadeiro não foge do teste: ele o aceita.

Nós precisamos ter oposição e adversidade para experimentar esta resistência incrível, a perseverança do amor. E, no entanto, a dificuldade é exatamente aquilo que muita gente toma como prova da falsidade do amor. Aprendemos que o amor deve eliminar o sofrimento e os obstáculos, mas a verdade é que nada tem capacidade para fazer isso. A razão de ser do amor é suportar e sobreviver às provações.

Quando eu estava no ensino médio, eu costumava levantar peso. Mas descobri que há dois tipos de levantadores de peso no mundo. Há quem faça isso para ter força e músculos, e há quem o faça em busca de resistência. Quem está em busca de resistência geralmente é magro. Depois de um tempo aprendi a importância do que essas pessoas fazem. Elas se colocam sob um estado contínuo de oposição na tentativa de desenvolver uma força que vai lhes dar suporte ao longo da vida. Os sujeitos corpulentos, que se exercitam em busca de músculos, apenas conquistam um corpo bonito. No final, a resistência vence. O nosso mundo, no entanto, transformou o amor em um poder musculoso e atraente, e minimizou e desprezou a necessidade de um sentimento resistente.

Alguns cristãos que têm a mente concentrada no poder ensinam que as pessoas verdadeiramente espiritualizadas nunca experimentam a adversidade, o desestímulo ou a oposição. Se alguém enfrenta uma dificuldade, deve estar fazendo algo errado. Infelizmente, isso não é verdade. Quando o fogo se abate, as pessoas que estão em busca de poder mostram que não têm resistência, porque passaram o tempo todo orando para que suas provações acabassem. Quando um iceberg aparece, elas se partem ao meio e afundam.

Muitos de nós fomos ensinados que adversidade é resultado de pecado. Mas como isso pode ser verdade? A adversidade é uma coisa linda, pois produz perseverança. Ela faz parte do plano de Deus para nos ajudar a desenvolver a compreensão do amor verdadeiro.

Ouvimos dizer que se Adão e Eva não tivessem pecado nunca experimentaríamos nenhum tipo de adversidade. Isso não é verdade. A adversidade foi criada por Deus e é necessária para criar força. A Bíblia diz que até Jesus aprendeu a obediência por meio do sofrimento. Se Jesus foi o Segundo Adão e era completamente desprovido de pecado, como o sofrimento poderia lhe ensinar qualquer coisa? Tudo neste mundo cresce e é testado por meio das dificuldades. Até as árvores ficam mais fortes ao sobreviver a secas e tempestades. Elas precisam dessas coisas para desenvolver raízes profundas e galhos mais fortes. Deveríamos, na verdade, nos regozijar com o sofrimento, já que ele produz perseverança.

O amor sempre persevera por causa daquilo em que é baseado. Compreenda que, embora a perseverança possa ser aprendida, ela é consequência do amor. A Bíblia não diz que o amor aprende a perseverar; ela simplesmente diz que o amor sempre persevera. Da mesma maneira que o amor não aprende a ser paciente ou bondoso, essas coisas são consequentes quando o amor está presente. A base do amor é o que faz com que isso aconteça.

A menos que a base adequada seja estabelecida, o amor nunca vai sobreviver à mais fraca das brisas. O mundo nos fez acreditar que a perseverança não é importante porque ele não nos ensinou a preparar base alguma.

Deus sempre persevera

Se eu não tivesse passado pela experiência de me apaixonar de verdade pelas pessoas, nunca teria imaginado qual é a base do amor. Ela é absolutamente intimidadora para as pessoas que não amam. Chega a ser algo repulsivo. Acredite que a base do amor é a morte. Se você morre para si mesmo, é capaz de aguentar qualquer coisa em um relacionamento. O poder da resistência ganha vida quando você está ali por causa de outra pessoa. A perseverança é pelo bem do outro, não pelo seu próprio. A única maneira de possuí-la é não sendo o centro. O teste final da perseverança avalia se o seu relacionamento tem você ou o outro como centro.

No mundo esportivo há um ditado que diz "Sem dor não há ganho". No mundo dos relacionamentos, um ditado semelhante poderia ser: "Sem morte não há vida." Até que a base da morte esteja estabelecida, o amor não vai ter perseverança e vai ser reprovado no teste. Ele pode conter todos os ingredientes sobre os quais falamos nos capítulos anteriores, mas, até que uma pessoa esteja morta para si mesma, *não* é amor. O amor é testado porque não se satisfaz com ilustrações – ele requer demonstrações.

Jesus forneceu várias ilustrações do que o amor é, e então, no fim da vida, nos deu a maior demonstração de amor que o mundo já viu. Foi a última coisa que precisou acontecer para provar que o que Ele disse e fez era autêntico. Cristo é a demonstração perfeita da base do amor. Ele é sua essência. Um relacionamento autêntico nem pode começar antes que a morte do eu aconteça. É por isso que Jesus nos disse para carregarmos nossas cruzes, e "quem quiser salvar a sua vida, a perderá, mas quem perder a sua vida por minha causa, a encontrará". Essa verdade contém a chave para explicar como a vida funciona.

Existe um verso curioso no último livro da Bíblia que diz: "O Cordeiro que foi morto desde a criação do mundo." Isso assombrou os teólogos durante anos, porque parece dizer que o sacrifício que nós, humanos, presenciamos há dois mil anos foi meramente uma amostra daquilo que já tinha acontecido antes do início do tempo. Existem até versículos do Antigo Testamento em Isaías que falam do Messias no pretérito, como se o sacrifício já tivesse acontecido. Muitos teólogos dizem que o motivo disso é que Deus sabia com antecedência que o homem pecaria.

Depois de conhecer o coração do Senhor, no entanto, creio que essa análise esteja em parte correta. Acredito que o sacrifício se deu desde a criação do mundo porque Deus desejava o relacionamento, e esse era o pré-requisito: a morte do eu. Depois, quando o homem pecou e precisou de reparação, o sacrifício que já tinha se dado no céu simplesmente se manifestou aqui na Terra. Passei a acreditar que mesmo que Adão e Eva jamais tivessem pecado, o "Cordeiro" ainda assim teria sido morto. Os relacionamentos exigem isso. A morte para si mesmo é a essência da conexão do coração, e era isso que Deus tinha em mente quando nos criou.

A morte do eu garante tudo de que uma relação pode precisar no futuro. É isso que faz com que a perseverança seja instantânea no amor. Adão e Eva estavam garantidos muito antes de terem sido feitos de barro e recebido a vida. Seu Pai lhes disse a mesma coisa que eu disse aos meus filhos, antes mesmo de eles nascerem: que, independentemente do que acontecesse, eu nunca iria abandoná-los. Eu morreria por eles. Jesus fez essa mesma garantia ao se entregar por nós. A morte de Cristo não apenas reparou o nosso pecado como também provou o Seu infinito amor. E, como já vimos, o amor não se completa até mostrar que resiste a um teste. Para realizar a intenção do Senhor e revelar o coração do Pai para o mundo, Jesus precisou nos mostrar que Ele morreria para que pudéssemos viver.

Por causa disso, não há dúvida de que Deus vai perseverar com você por toda a eternidade. Ele já abriu mão de Si mesmo por você. Viver no coração das pessoas só é possível se você morrer para si mesmo. Até lá, as pessoas sempre vão continuar sendo um mistério. O marido nunca vai compreender a esposa e a mulher nunca vai compreender o marido até que parem de viver para si e comecem a viver pelo outro. A morte (quer dizer, o sacrifício pessoal) é a base de toda relação verdadeira no mundo. Até que você abra mão de sua vida, nunca vai encontrá-la. Pense na mensagem que Jesus pregou durante todo o seu ministério: "Não se preocupem com sua própria vida" e "Ninguém tem maior amor do que aquele que dá a sua vida pelos seus amigos". E o apóstolo Paulo disse: "Já não sou eu quem vive, mas Cristo vive em mim."

Como diminuímos o significado da perseverança, também a minimizamos quando a questão é o coração de Deus. É por isso que muitas pessoas acham que Deus vai desistir de nós. Elas não acreditam que o amor de Deus persevera, porque não compreenderam o sentido do sacrifício de Cristo.

Muitas coisas lindas aconteceram entre nós e Deus como resultado da morte e ressurreição de Cristo. Infelizmente, a maioria delas é desprezada pela teologia de hoje. Ficamos tão presos à compreensão do Antigo Testamento que padronizamos nossos ensinamentos e doutrinas com base nele e negamos a maravilhosa liberdade que está disponível a nós.

Tudo, da leitura da Bíblia à ida à igreja, passando pela maneira como oramos, foi afetado pelo modo de pensar do Antigo Testamento. Ensinamentos a respeito de louvor, maldições de gerações, jejum, doação do dízimo e bênçãos foram envenenados pela falta de aceitação e pela nossa posição de substituir a morte de Cristo por qualquer coisa que jamais poderíamos fazer.

O objetivo do Antigo Testamento é apontar o caminho para Cristo. Por algum motivo, no entanto, a igreja continua a retornar aos princípios do Antigo Testamento e negar as mudanças introduzidas por Jesus. A instituição prefere adotar as regras confortáveis da religião em vez da liberdade de relacionamento, que é difícil e confusa.

Assim, ficamos iguais aos judeus, que rejeitaram Cristo há dois mil anos. Aceitá-Lo não significa apenas acolher a figura histórica de Cristo, mas tudo o que Ele fez e que realizou por meio de Sua morte e ressurreição. Quando agimos como se nada do que Ele fez tivesse valor, estamos negando a Sua obra. Precisamos estar dispostos a acreditar, receber e viver a liberdade de relacionamento que ele conquistou para nós.

O caminho para descobrir a perseverança ilimitada de Deus é aceitarmos a graça e deixarmos de lado o raciocínio baseado em leis. Se aceitarmos que Ele morreu por nós, isso muda tudo. Deus é perseverança! Ele atravessou o fogo e foi considerado inocente, perfeito! Ele pagou com antecedência por todos os nossos pecados. Então, nunca pense que a paciência do Criador está chegando ao fim. A base do amor de Deus por você é a morte, e o amor que está morto para si mesmo sempre persevera!

Capítulo 18

O amor de Deus nunca falha

Quando me tornei cristão, eu tinha lido mais ou menos todos os livros que tratavam de guerra espiritual. Este assunto me fascinava, de modo que me afundei nos milhares de ensinamentos sobre "expulsar demônios" e curar doentes.

David e Trisha, um jovem casal, vieram falar comigo a respeito de uma moça que estava hospedada em sua casa. Eles disseram que tinham certeza de que ela estava possuída pelo demônio e perguntaram se eu podia passar lá depois do trabalho para pregar a ela. Meu coração imediatamente começou a bater com uma mistura de medo e animação. Tudo o que eu tinha estudado estava prestes a ser colocado à prova.

Pouco antes de acabar meu expediente, David me informou que ele e a mulher iriam viajar. Eu ficaria completamente sozinho com a mulher endemoniada. Passei de medo e animação a puro pânico. Nos 40 minutos seguintes, declamei cada oração de tática de guerra espiritual que havia aprendido. Eu saí do trabalho mais cedo e dei a volta no quarteirão deles sete vezes, "clamando" por Deus. Antes de bater na porta, coloquei um pouco de óleo de unção nos meus dedos, na esperança de cumprimentá-la com um aperto de mão e surpreender os demônios. Meu coração disparava enquanto eu esperava que ela atendesse.

Lentamente, a maçaneta da porta começou a girar, como se uma criança estivesse atrás dela, tentando abrir. Então a porta se abriu um pouco e parou. Deu para ver quando ela me espiou. "Você é o pastor?", ela perguntou pela fresta.

Eu nunca tinha sido chamado de "pastor", então não sabia muito bem o que ela queria dizer. Mas eu sabia que ela estava à minha espera, então respondi que sim. Percebi que ela estava apavorada. *Ela deve estar enxergando Deus em mim*, pensei com meus botões. Estendi a mão untada de azeite como se fosse uma armadilha espiritual. Quando ela a segurou, para minha surpresa, não aconteceu nada! Nenhum berro, nenhum grito, nenhum urro descontrolado. Nada!

Fiquei achando que ela não estava possuída pelo demônio coisa nenhuma. A ausência de reação ao meu aperto de mão banhado com óleo de unção deixou isso muito claro. Perguntei qual era o problema, e ela começou a me contar sobre o demônio que vivia dentro do seu corpo e que falava com ela o tempo todo. Ela até me disse o nome dele. Eu perguntei se poderíamos orar juntos e ela consentiu, com uma condição: que eu não dissesse a "palavra que começa com J", *Jesus*.

Mas isso era paralisante! Era a mesma coisa que treinar um soldado para usar uma arma e então tirá-la de suas mãos momentos antes da batalha. Como seria possível afastar um demônio sem usar o nome de Jesus? Tudo o que eu havia aprendido dependia desse recurso. Sem isso eu era inútil.

Durante a hora e meia seguinte, lancei mão de todas as táticas de guerra espiritual que eu tinha aprendido nos seis meses anteriores. Eu "apelei ao sangue", repreendi o demônio e invoquei as bênçãos, mas nada aconteceu. Não sabia mais o que fazer.

Depois de ficar lá com ela durante mais de duas horas, eu estava perplexo e exaurido emocionalmente. Enquanto eu tentava me lembrar de mais uma técnica, dei uma olhada na pobre moça sentada à minha frente. Fazia dias que ela não dormia. Dava para ver que estava tão envolta no medo que mal conseguia ficar parada. No mesmo instante, meu coração começou a se despedaçar por ela, como se ela fosse minha filha. Então peguei-a nos braços e a apertei bem forte. Tudo dentro de mim derreteu, e eu chorei com ela enquanto nos abraçávamos.

Naquele momento, aquela garota maravilhosa se libertou. O seu nome era Joy, e ela recuperou sua alegria em meus braços. Naquele dia, aprendi que truques são para crianças. Apesar de eu ter sido proibido de usar o nome de Jesus, descobri que se eu *me transformasse* em Jesus para ela, todo o poder do Universo estaria na ponta dos meus dedos. Foi o amor que a libertou. A partir daquele dia, meu ministério religioso passou a ter como base essa verdade. Deus é amor. Nada pode contra isso. Nada.

Temos tantas definições diferentes de amor que às vezes é difícil saber exatamente o que a Bíblia quer dizer quando nos manda "amar" as pessoas. Dizemos que amamos pizza e falamos para o nosso cônjuge que também o amamos. Onde é que o amor de Deus se encaixa? Em algum ponto entre uma pizza e uma esposa?

Se você algum dia já se apaixonou, vai concordar que não há nada parecido no mundo. Isso consome todo o seu ser. A sua vida toda passa a girar em torno daquela pessoa. Você pensa nela dia e noite. Tudo o que você faz é para ela. É como se você a tivesse acolhido no seu coração e no seu espírito, e você enxerga mais fundo dentro dela do que qualquer outra pessoa no planeta. Realmente, não existe nada parecido.

Apesar de o fato de estar "apaixonado" consumir todas as partes da nossa alma, muitos de nós temos medo desse estado. Ser completamente consumido pelo amor pode ser apavorante.

Ele pode assustá-lo, mas o amor de Deus *é estar apaixonado*. É literalmente estar apaixonado pelas pessoas. Não existe meio-termo quando se trata do amor de Deus. A única maneira de realizar os ensinamentos de Jesus é estar completamente apaixonado pelos outros. Tudo o que Ele nos disse para fazer aos outros é o que as pessoas apaixonadas costumam fazer. É necessário estar apaixonado para realizar os muitos aspectos do amor descritos neste livro.

Isso pode parecer um pouco desestimulante ou até impossível. Será que nosso coração explodiria com tanto amor assim?

Quando minha mulher estava grávida da nossa segunda filha, fiquei ao mesmo tempo animado e preocupado. Fiquei apreensivo porque não conseguia imaginar como poderia amar aquela criança tanto quanto amava minha primeira filha. Eu já concedera todos os pedaços do meu coração de pai para Landin. Ela era o meu mundo. Simplesmente não tinha sobrado nada para dar. Eu sentia como se precisasse tirar um pouco do meu amor por ela para ter algo a dar a Sidney, e essa não era uma opção.

Então um dia, quando Sidney estava com uma semana de vida, nossos olhos se encontraram e ela sorriu para mim. Aquele sorrisinho fez ruir completamente todos os meus medos bobos. No mesmo instante, uma explosão de amor inundou minha alma e um universo novo se abriu para ela. Em questão de semanas, descobri que havia partes de mim que eu nem sabia que existiam. Eu me apaixonei por Sidney de uma maneira que mal conseguia suportar.

Quando Emma, Eva e Jude nasceram, eu não estava nem um pouco preocupado. Eu já tinha aprendido a mais linda lição da vida. Aprendi que a nossa capacidade de amar é infinita. Não há limites para a quantidade de amor que uma pessoa é capaz de nutrir pelos outros. Acredite, eu poderia ter mil filhos e ser totalmente apaixonado por cada um deles.

Muitas pessoas passam o tempo memorizando as Escrituras, usando o nome de Jesus e fazendo promessas em uma tentativa de adquirir o poder de Deus. Existem centenas de livros criados especificamente para nos ensinar a acessar o poder de Deus. No entanto, o Senhor nunca nos disse para buscar Seu poder. Ele nos disse que O buscássemos. A Bíblia não diz "Deus é poder". Ela diz que "Deus é amor".

Eis aqui a verdade: ou podemos ter fé para acessar o poder de Deus ou podemos ter amor e nos *transformar* no poder de Deus. Fé é importante, mas fé sem amor é inútil. Você pode prender demônios, derrubar fortalezas espirituais e até mover montanhas, mas, se não tiver amor, só vai perder tempo. Lembre-se disto: se você amar, vai receber o poder de Deus automaticamente! O amor *é* o poder de Deus. Ele é a realização de cada palavra da Escritura. O amor não é apenas uma das várias coisas que um cristão deve praticar; ele é *tudo*!

Uma pessoa pode não ser cristã, mas se amar o próximo de verdade, terá mais poder de Deus do que um cristão que não ame. Nada pode deter o amor. Ele derruba todas as barreiras. E todo o poder de Deus reside no amor pelas pessoas. Quando você ama alguém, está colocando o poder do Universo dentro do seu coração.

Esse amor não se revelou em minha vida até que eu compreendi que era assim que Deus me amava. Quando finalmente entendi que Deus me amava pelo simples motivo de eu ser Seu filho, comecei a amar os outros. Como Ele me amava e eu sabia disso, pude simplesmente experimentar esse amor derramando-o sobre os outros. Receber a verdade em relação ao amor de Deus por você é o ponto de partida. Isso vai abrir caminho entre todos os obstáculos e penetrar no seu coração, porque o amor nunca falha.

Quando a Bíblia diz que se você viver em Deus, Ele vai viver em você, está se referindo ao amor. Não existe outra maneira de viver dentro de alguém. Deus está perdidamente apaixonado por você! Mas você precisa receber esse amor se quiser passar a amar os outros.

Como fazer funcionar

Desde que eu era um garotinho e ia à igreja com minha família, já ouvi inúmeros ensinamentos diferentes a respeito de como conhecer o coração de Deus. Algumas pessoas dizem que conhecer a Bíblia é conhecer Deus. Outros ensinam que o conhecimento do Senhor chega apenas por meio de muito tempo de preces. Os teólogos procuram por Ele nos textos originais em grego e hebraico das Escrituras. Pastores nos dizem que Ele fala através dos sermões que eles pregam. Já escutei que eu poderia encontrá-Lo por meio de adoração passional, oferendas generosas e obras incansáveis. Já foi dito que, se seguirmos as leis de Deus, vamos conhecer o Seu divino coração. Essa tem sido a busca de milhões de pessoas desde o início dos tempos, mesmo antes de Jesus caminhar sobre a Terra.

Nós não apenas desejamos conhecer o coração de Deus como também ansiamos por escutar Sua voz. Queremos saber quando Ele fala conosco e compreender o que está dizendo. O desejo de conhecê-Lo e ouvi-Lo está embutido em nosso coração. Ele surge da nossa necessidade de ter um relacionamento verdadeiro com o Criador.

O grande problema dessa geração cristã não é a ausência de desejo de conhecer o coração do Senhor, mas sim o fato de O conhecermos tão pouco apesar da nossa vontade.

Nós lemos a Bíblia, analisamos as obras de Deus e memorizamos histórias a Seu respeito. Pregamos sobre esse homem que supostamente nos salvou de alguma coisa, mas não fazemos a menor ideia de por que ele fez isso. Infelizmente, parecemos ter conhecimento a respeito de Deus, mas não O conhecemos.

Eu poderia falar sem parar, mas, se você não conhecer as pessoas no meu coração, nunca vai me conhecer. As pessoas lá dentro são eu, e eu sou elas. Se você lhes der algo, está dando para mim. Se roubar algo delas, está roubando de mim. Se for amigo delas, é meu amigo. Simplesmente não há como conhecer meu coração se não conhecer o coração delas. Não há maneira de tocar o meu coração sem passar por elas.

Há pessoas que dedicaram a vida inteira a dar apoio a mim e às causas que abraço. Elas me defendem, me dão dinheiro e me doam seu tempo. Elas *são* o meu coração. Mas se elas não conhecessem as pessoas no meu coração – minha mulher e meus filhos –, não me conheceriam. Eu não iria me aborrecer com elas por causa disso. Isto é apenas um fato.

Por outro lado, há pessoas que não estão diretamente envolvidas na minha vida, não leram os meus livros nem escutaram um único sermão que fiz. Mas estão concentradas em conhecer e amar minha família e, por isso, me conhecem, conhecem meu coração. Elas me conhecem melhor do que aquelas que passam o tempo todo comigo.

Conheço pastores que passam seis horas por dia lendo e estudando a Bíblia. As páginas parecem ter sobrevivido a uma batalha. Tudo está sublinhado e marcado. Há anotações rabiscadas nas margens e palavras-chave circuladas em todas as linhas. Eles gastam seu tempo fechados em seus cubículos clamando a Deus. Mas, quando se trata de pessoas, eles agem com indiferença. Esses homens acham que conhecem o coração de Deus porque leram e estudaram a Sagrada Escritura e passaram horas fazendo preces, mas o que eles não sabem é que estão se enganando de maneira vil. Não fazem a menor ideia de quem Ele seja!

Também conheço gente que lê a Bíblia cinco minutos por semana e ora ainda menos. Elas se castigam secretamente por causa disso e têm medo de abordar Deus porque a religião as faz ter consciência desse pecado. No entanto, essas pessoas amam o próximo do fundo do coração. Elas têm uma intimidade especial com Deus. Elas O conhecem completamente, porque amam e conhecem os filhos do Senhor.

Capítulo 19

Tocando o coração de Deus

Alguns anos atrás voltei para casa mais cedo, pois não estava me sentindo muito bem. Cheguei e me deitei no sofá enquanto minha filha Sidney assistia a *Barney e seus amigos* na televisão. De repente, virei-me para observá-la. Ela estava completamente hipnotizada. Seus olhos estavam arregalados de maravilhamento. Ela não sabia que eu estava ali, então aproveitei a oportunidade e fiquei observando-a durante muito tempo.

Todo o meu mundo estava resumido naquela cena: uma menininha sentada numa cadeira, fascinada por um dinossauro grande e roxo. Não demorou muito para minha garganta começar a apertar. Admirei cada traço do rosto dela. Os olhos castanhos enormes e o nariz rechonchudo. Até os dedos dela comoviam o meu coração, tão pequenos e perfeitos. E o meu detalhe preferido, os lábios pequenos e preciosos dela, como uma miniatura dos da mãe.

Ali parado, eu percebi que, dentro de mim, existe uma chama de amor por aquela garotinha que queima no meu peito. Essa chama tem uma cor diferente para cada um dos meus filhos e começou a ser formada com a minha esposa muito antes de eles nascerem. Nos últimos anos, a chama cresceu e se transformou em um incêndio florestal interno. Às vezes ela me tira o fôlego quando um deles sorri para mim. Toda a minha vida se guia por essa chama.

Então, eis aqui o ponto em que eu queria chegar desde o começo. É muito simples, mas incrivelmente profundo. Homens sábios não são capazes de compreender, mas todas as criancinhas nasceram com essa compreensão. Esta verdade única transformou a minha vida:

> Quando você realmente ama alguém de maneira incondicional, a chama do amor dentro do seu coração é Deus.

O fato mais libertador que você pode aprender é que não precisa procurar por Ele em nenhum outro lugar. Deus não está no céu ou no alto de uma montanha distante. Ele não viaja com um evangelista, esperando que você apareça durante a pregação. Ele não está sentado na sua igreja, esperando que você se levante do assento. Quando você ama, Ele vive dentro de você.

Já vi muitas pessoas buscarem desesperadamente o "fogo de Deus" em grupos de orações, palestras e cultos. Elas berram a plenos pulmões e se jogam no chão, esperando ser atingidas. Porém, Ele sempre esteve presente no coração das pessoas que amam. O fogo de Deus é amor!

Todas as respostas do Universo se encontram naquela chama de amor que existe dentro do seu coração. Se você analisar essa chama, vai descobrir toda a sabedoria e a graça; vai possuir compreensão sobrenatural e visão espiritual imaculada. Você não vai precisar de ninguém para ensiná-lo, porque o espírito Dele vai conduzi-lo à verdade.

Muitos pais clamam ao Senhor por sabedoria para criar os filhos. Eles não sabem mais o que fazer e imploram a de Deus que os guie e lhes mostre todas as respostas.

A resposta de Deus é mais ou menos assim: "Consulte a chama."

Se você prestar atenção no amor que tem pelo seu filho, vai saber como agir. Experimente. A chama do amor revela o coração do seu filho para você. Ela lhe mostra exatamente o que fazer em cada situação. Os problemas aparecem porque sentimos raiva e decepção. Nós esquecemos que amamos nossos filhos e, quando isso acontece, nos tornamos surdos, mudos e cegos. Então precisamos de um versículo da Bíblia ou de um livro para nos dar alívio. Mas, se mantivermos nossos olhos na chama, todas as respostas virão.

Eu nunca vou me esquecer do dia em que a minha filha Landin estava correndo de um lado para outro no hotel em que nos hospedamos na noite anterior à nossa visita à Disneylândia. Landin estava tão animada que não conseguia se segurar. Sem pensar, ela passou correndo pela irmã e deu um tapa nas costas dela com a maior força possível. Sidney imediatamente começou a chorar. Eu chamei Landin e a olhei nos olhos. "Onde você estava com a cabeça?", gritei, em total descrença. Meus olhos eram de um pai que não tinha a menor ideia de quem era a sua filha. O que vi quando minha filhinha absorveu aquele olhar foi algo inesquecível. O espírito dela murchou e seu coração se despedaçou na minha frente. Imediatamente, a chama do amor queimou na minha consciência e me mostrou a dor que eu tinha acabado de causar a ela com aquele olhar. No mesmo instante, eu a peguei no colo. "O papai sabe que você não tinha a intenção de bater em Sidney. Você só estava animada, não é mesmo? Eu compreendo. Mas você não pode bater nela, nem quando está animada, certo?"

A chama não só me condenou como também me deu as palavras exatas para consertar o estrago. Ela me mostrou claramente o que tinha acontecido e apresentou um plano de ação instantâneo para remediar o erro. A religião é o livro de regras que ensina a gente a dizer "Sinto muito".

Maridos e esposas oram por sabedoria no casamento. Eles se esforçam até não suportarem mais e se divorciam porque não encontram a resposta. A resposta de Deus é: "Consulte a chama." Olhe para o parceiro que você tanto amou e lembre daquela chama que costumava arder dentro de você. Encontre-a. A compreensão se encontra nessa chama. A graça vive ali. Se as pessoas abraçarem a chama de amor que existe em cada coração, não há nada que um casamento não possa superar.

Muitos cristãos me dizem que ler a Bíblia se tornou uma coisa tediosa para eles. A resposta de Deus para isso é a mesma. Todas as Escrituras devem ser vistas à luz da chama. Sem ela, o texto será obscuro. Não é a Bíblia que faz a chama arder; é a chama que faz a Bíblia ganhar vida. As Escrituras devem ser vistas através da chama, ou sua beleza, sua vida, sua instrução e sua esperança serão invisíveis para você.

A Bíblia é uma revelação do coração de Deus, uma revelação de amor. Toda a Bíblia já existe dentro do seu coração. Se você precisa recorrer a ela em busca de resposta, é porque se esqueceu da chama.

Toda a cristandade deve ser vista através da chama do amor. Toda a fé se baseia nela. Cada aspecto do caráter de Deus se revela por meio dela. Os desejos do Senhor, Seu tom e Seu semblante podem ser conhecidos apenas pela chama.

Quando você passa a reconhecer a chama, a conhecer Deus e a confiar no fogo do amor para guiá-lo e conduzi-lo a toda a verdade, você se torna capaz de dizer "Eu estive com o Pai, e falo apenas o que vi e ouvi e o que Ele me disse. Eu O vi e O toquei", da mesma maneira que Jesus falou. Depois de uma vida inteira consultando a chama do amor dentro do meu coração, descobri algumas verdades maravilhosas que eu jamais seria capaz de imaginar.

Eis algumas verdades que o meu coração me revelou:

Deus tem uma paciência incrível. Ele entende tudo sobre o seu coração. Ele sabe por que você quer o que quer, e nunca se surpreende. Deus é bondoso e quer que você sinta Seu toque no seu coração – aquele coração que Ele criou para ansiar por Ele e pelo amor.

Deus nunca tem inveja de nada nem de ninguém. Ele nunca deseja para si aquilo que outros têm. Em vez disso, anseia por entregar tudo o que tem. Ele nunca se sente tentado a tomar as coisas de volta por não ter recebido atenção suficiente. Deus não se vangloria das verdades mais elevadas a respeito de Si mesmo. Ele se rebaixa apenas para erguer você. Deus não tem orgulho, não se apega a sua perfeição e não nos lembra de que não precisa de ninguém. Ele deseja ter um relacionamento com todos nós e sempre se faz vulnerável apenas para que isso seja possível.

Deus nunca é grosseiro. Ele não deixa nada inacabado ou sem ser dito. Ele é incapaz de dar a alguém o "tratamento de silêncio" ou de se esconder de alguém que O busca. Ele faz com que tudo a respeito de Si mesmo seja conhecido e não tem o desejo de obscurecer nada.

Deus não procura seus próprios interesses. Ele se sente gratificado e preenchido quando *você* é elogiado e honrado. Os olhos do Senhor sempre procuram o que é melhor para você, e Ele nunca se preocupa com o que vai receber em troca. Ele não se deixa provocar com facilidade nem se irrita. Ele não é "difícil de agradar" e nunca quer que você tenha medo de ofendê-Lo ou de magoá-Lo. Ele não faz uma lista de todos os seus erros porque se recusa a rotulá-lo. Ele não deixa nada pairando sobre a sua cabeça como ameaça, apaga sempre a sua ficha de pecados para que possa se concentrar com clareza no seu coração.

Deus não se delicia com a maldade e nunca segue mentiras e fantasias. Ele não tenta vê-lo melhor do que você é. Ele se regozija com a verdade a seu respeito porque enxerga quem você é de verdade. Deus sempre o protege de ceder à tensão, ao desespero ou à angústia. Ele sempre vai fornecer a força necessária para que você atravesse as tempestades da vida e vai *carregá-lo* com Seus próprios braços.

Deus sempre confia em você, com as portas de Seu coração abertas o tempo todo. Ele tem esperança em você porque conhece a verdade da sua história. Deus sempre persevera, provando que Ele é quem alega ser. Ele não se abate durante a tempestade e caminha através do fogo simplesmente para expressar Seu amor. Ele nunca vai falhar com você, nunca vai retirar o Seu amor, porque Ele é feito de amor, que é a fonte de tudo.

O amor é a razão pela qual Ele vê tudo dentro de você e conhece cada emoção, pensamento e sentimento seu. O amor existe porque Ele absorve todas as coisas externas e enche seu espírito, sua alma e seu coração com o conhecimento da eternidade alegre que emana do Senhor. O amor é o motivo pelo qual não existe lugar, pessoa ou coisa criada que possa ser separada de Deus.

Ele é onisciente, todo-poderoso e absolutamente maravilhoso. *Ele é amor.*

Agradecimentos

Eu gostaria de agradecer às pessoas que experimentaram esta verdade mágica enquanto ela se desdobrava na sala do coro da igreja há tantos anos. Nós éramos apenas um grupo de pessoas que sofriam e que tiveram coragem suficiente para abrir o coração. Eu jurei a vocês, no começo, que esta mensagem iria valer a pena. Espero que ela chegue aos quatro cantos da Terra agora.

Embora a verdade do amor exista desde antes de o mundo ser criado, nós sempre vamos achar que esta é a "nossa mensagem".

CONHEÇA OUTROS TÍTULOS DA EDITORA SEXTANTE

De volta à cabana
C. Baxter Kruger, ph.D.

Ainda criança, William P. Young, autor de *A cabana*, conheceu o abandono, a dor e o abuso. Buscou na religião um porto seguro, mas nunca se sentiu totalmente protegido.

Assim como Mack, personagem principal de seu romance, ele estava perdido, questionando seus valores, sua fé e o próprio sentido de sua vida.

Ao escrever *A cabana*, Young quis expressar sua dor e apresentar uma nova maneira de enxergar Deus e suas leis incompreensíveis. Por meio da trajetória de Mack, ele nos mostrou os caminhos do perdão, da cura e da reconciliação com o divino e consigo mesmo.

Em *De volta à cabana*, vamos descobrir o que está por trás desses caminhos – ou seja, os conceitos que Young encontrou na teologia e na filosofia para criar sua história.

Agora, o teólogo C. Baxter Kruger aprofunda o estudo sobre a Santíssima Trindade e fala sobre a natureza do amor de Deus, demonstrando de que forma ele se manifesta em nossa vida.

Citando passagens bíblicas e parábolas inspiradoras, esse livro nos ajuda a entender o papel da religião no mundo de hoje, o comportamento humano frente à dor e a nossa capacidade de regeneração – seja diante das grandes tragédias ou das pequenas desilusões que se acumulam no dia a dia.

A HISTÓRIA
The Zondervan Corporation

A Bíblia é o livro mais vendido de todos os tempos. Acredita-se que já tenham sido comercializados mais de 5 bilhões de exemplares. Mas são poucas as pessoas que já a leram inteira, do começo ao fim.

Isso acontece porque, além de usar uma linguagem metafórica e complexa, os textos que a compõem não foram escritos por um único autor nem de forma linear, sendo produzidos em momentos históricos completamente diferentes, ao longo de mais de mil anos.

Por todos esses motivos, muita gente que tem vontade de ler os textos sagrados não o faz, sem saber por onde começar. Se você é uma dessas pessoas, finalmente vai ter a chance de conhecer as Escrituras e compreender a sequência dos acontecimentos e o contexto em que estão inseridos.

Compilando toda a história bíblica em capítulos curtos e organizando-os em ordem cronológica, esse livro utiliza trechos retirados da própria Bíblia, o que significa que não se trata de uma interpretação ou de uma releitura. O que você vai encontrar nestas páginas *é* a Bíblia, porém estruturada de forma mais simples e direta.

Trazendo notas explicativas, uma lista dos personagens com suas biografias, comentários e perguntas para reflexão, esse livro é um valioso instrumento para todos aqueles que sempre quiseram estreitar seu relacionamento com Deus mas não conseguiam compreender a sua palavra.

Repleto de amor, ódio, guerra, dramas e milagres, *A História* conta a *nossa* história – a mais bela e transformadora de todos os tempos.

Jesus, o maior psicólogo que já existiu

Mark W. Baker

Jesus, o maior psicólogo que já existiu traz uma abordagem original da relação entre ciência e religião, ligando os principais ensinamentos de Jesus às descobertas recentes da psicologia.

Com base em sua experiência como terapeuta e no seu profundo conhecimento da Bíblia, Mark Baker demonstra por que a mensagem de Cristo é perfeitamente compatível com os princípios da psicologia: ela contém a chave da saúde emocional, do bem-estar e do crescimento pessoal.

Em uma linguagem simples e cativante, ele mostra que, seja qual for a nossa crença religiosa ou filosofia de vida, todos podemos nos beneficiar da sabedoria daquele que, como diz o autor, foi o maior psicólogo de todos os tempos.

Organizado em dezenas de lições concisas, esse livro é uma coleção de valiosos exemplos práticos sobre como essa sabedoria comprovada pelo tempo pode nos ajudar a resolver os problemas do cotidiano, a repensar atitudes e a praticar o perdão, a solidariedade e a lealdade, valorizando nossas vidas e nossos relacionamentos com mais amizade e amor.

CONHEÇA OS CLÁSSICOS DA EDITORA SEXTANTE

1.000 lugares para conhecer antes de morrer, de Patricia Schultz

A História – A Bíblia contada como uma só história do começo ao fim, de The Zondervan Corporation

A última grande lição, de Mitch Albom

Conversando com os espíritos e *Espíritos entre nós*, de James Van Praagh

Desvendando os segredos da linguagem corporal e *Por que os homens fazem sexo e as mulheres fazem amor?*, de Allan e Barbara Pease

Enquanto o amor não vem, de Iyanla Vanzant

Faça o que tem de ser feito, de Bob Nelson

Fora de série – Outliers, de Malcolm Gladwell

Jesus, o maior psicólogo que já existiu, de Mark W. Baker

Mantenha o seu cérebro vivo, de Laurence Katz e Manning Rubin

Mil dias em Veneza, de Marlena de Blasi

Muitas vidas, muitos mestres, de Brian Weiss

Não tenha medo de ser chefe, de Bruce Tulgan

Nunca desista de seus sonhos e *Pais brilhantes, professores fascinantes*, de Augusto Cury

O monge e o executivo, de James C. Hunter

O poder do Agora, de Eckhart Tolle

O que toda mulher inteligente deve saber, de Steven Carter e Julia Sokol

Os segredos da mente milionária, de T. Harv Ecker

Por que os homens amam as mulheres poderosas?, de Sherry Argov

Salomão, o homem mais rico que já existiu, de Steven K. Scott

Transformando suor em ouro, de Bernardinho

INFORMAÇÕES SOBRE OS
PRÓXIMOS LANÇAMENTOS

Para saber mais sobre os títulos e autores
da EDITORA SEXTANTE,
visite o site www.sextante.com.br
ou siga @sextante no Twitter.
Além de informações sobre os próximos lançamentos,
você terá acesso a conteúdos exclusivos e poderá
participar de promoções e sorteios.

Se quiser receber informações por e-mail,
basta cadastrar-se diretamente no nosso site.

Para enviar seus comentários sobre este livro,
escreva para atendimento@esextante.com.br
ou mande uma mensagem para @sextante no Twitter.

Editora Sextante
Rua Voluntários da Pátria, 45 / 1.404 – Botafogo
Rio de Janeiro – RJ – 22270-000 – Brasil
Telefone: (21) 2538-4100 – Fax: (21) 2286-9244
E-mail: atendimento@esextante.com.br